# 沉睡的宝藏

## 水晶、雕像与古董汽车

THE UNSUNG HERITAGE

上海汽车博物馆 编著

上海人民出版社

# 前言

在前几年的某次古董车拉力赛上，我们结识了一位香港老先生。他是位不折不扣的古董车迷，日常生活中最大的爱好，就是驾驶着一辆20世纪60年代产的阿尔法·罗密欧Spider，去世界各地跑古董车比赛。聊天的时候，他喜欢管自己那辆老车叫“小姑娘”，仿佛这不是一辆钢铁之躯的跑车，而是一个跟着自己走南闯北看世界的小伙伴。

跟这位香港老先生的交往，让我们想起另外一段故事来，它曾刊登在由上海汽车博物馆出品的某期《古董车》杂志上。1970年，一个叫大卫·豪斯利的英国技工，用自己打工五年的积蓄买了人生第一辆车——英国产的MG敞篷车。没想到该车质量堪忧，头一年里就更换了五个变速器，两个分速器，一个速度表，发动机舱的五个减震器一个不剩的全坏了……可是豪斯利对自己的车是真爱，一次次去修它，直到过了保修期，帮这车换上了别家的二手变速器，让车起死回生。

此后，这辆MG陪着豪斯利上班、创业、约会、成家。里程表走到10万英里（约16万公里）的当口，豪斯利一家在高速路上被追尾，人平安，车全毁。一般人这时候就要换车了，毕竟保险公司赔付的钱足够买辆新的。但豪斯利舍不得。他从保险公司手里买回了这辆车，花了好几个月把它修复一新，重新上路。这一开，就到了25万英里的里程数，汽车的老化程度肯定是过不去下一年的年检了。豪斯利决心再拯救这位老伙计一次——由于他已经有了自己的车库，亲自动手调配车漆，打造零部件，甚至发明了好几种专用的修复设备。垂垂老矣的MG又一次焕发了青春。

从那时候起，退休的豪斯利驾驶着这辆MG周游世界，甚至还在MG俱乐部里寻到了自己第二次婚姻。结婚的那天，敞篷MG顺理成章地荣任婚车角色，并载着新人前往欧洲大陆度蜜月。最终，在与这辆MG相伴了四十六年之后豪斯利逝世了，此时这辆MG的行驶里程超过了40万英里。亲人们留下了这辆车，作为对逝者的纪念。

人们常说世上好物不牢坚，可一份爱意，让一辆本来质量堪忧的汽车拥有了不可思议的生命力，甚至还因为时光累积，从一辆烂车变身为价值不菲的古董车，这可能是一辆汽车最好的归宿了吧。尽管这种长情的“恋物”故事并不多见，但确实代不乏人，也真真切切的，为后来人存留下了许多的物质遗产：从一本老书，一件水晶珠宝，到一辆古董汽车，甚至是一门家族传奇事业……毫无疑问，它们都堪称宝藏。把这些通常不为人所知，却有幸躲过光阴消磨的宝藏保存下去，守护起来，让它的价值为更多人知晓，不正是收藏的终极意义么，这恐怕也是全世界的公私藏家的初心所在。

这一册《沉睡的宝藏——水晶、雕像与古董汽车》，收录的正是关于珍藏的传奇：它们中有传世的古董车精品，有充满艺术魅力的水晶名作，有罕见的图书典籍，甚至还有一城、一矿、数代经营的大理石事业。这些故事不但曲折，读起来饶有兴味，更能让读者透过收藏本身，去留意藏品背后的岁月痕迹与生活印记。这其实正是上海汽车博物馆多年来所坚持的理念——作为中国第一家专业的汽车博物馆，我们长期以来致力于人类出行与交通方式的研究与传播，更期待为中国观众呈现交通工具背后的历史、文化，以及社会生活方式的演进、变革。

从某种层面来说，无论是一件珠宝，一辆车，还是一幢建筑，都可能远比普通人长寿。但一切珍藏，它最精彩的故事永远是关于人的：生物意义上人，脆弱而渺小，但情感所系，梦魂萦绕，赋予了收藏品穿越时空的魅力，让那些关于人的故事，代代相承，不至湮灭。

“事如芳草春常在，人似浮云影不留”，现在，让我们揭幕这些“沉睡的宝藏”吧，欢迎走进他们与它们的故事。

上海汽车博物馆

2024年6月

# 目录

## 传奇之旅

# 绝世遗存

## 名物无双

agent citroën 38
1966
record des ventes
en France
ami6

# 传奇之旅

004 捷豹Mark 2：最快四门轿车的回归

二十年后，西蒙·克罗宁只花了 400 英镑就得到了自己当年的梦中情车，在开走爱车前他唯一要做的，是从车里请出原主人家的小狗——在闲置的几年里，这条狗才是这辆捷豹真正的主人。

030 宾利8升车：追随甘露的脚步

罗马立于七座山丘之上，而我们脚踏着七个威士忌酿酒厂。这里流淌着琥珀色的液体，丝毫不逊色于我们驾驶的这台古董宾利汽车。

按照当年的规矩，英国经销商每售出一台法赛尔，就会由专门的销售顾问飞临巴黎，亲自把这种法国打造的豪华轿车开回英国。即便是这种例行公事的旅行，也足以令人倾倒。

唯一对我们不满的是村中动物们，为了驱走悠闲散漫惯了的牛、羊、鸡、鸭，我们一边鸣笛，一边缓慢行进，这花了我们不少的精力。

# 最快四门轿车的回归
# Mark 2
# 捷豹

二十年后，西蒙·克罗宁只花了 400 英镑就得到了自己当年的梦中情车，在开走爱车前他唯一要做的，是从车里请出原主人家的小狗——在闲置的几年里，这条狗才是这辆捷豹真正的主人。

DVY 774C

GB
DVY
774C

是色彩斑斓的岁月，还是单调乏味的时光？今天的英国人回忆起1959年，常常会陷入这种矛盾的记忆。那是英国人热衷于饮用泡沫咖啡的一年，是掀起“废除核武器”运动的一年，是时任英国首相的哈罗德·麦克米伦宣扬其保守主义主张的一年。在这一年，犯有谋杀罪依然会被判处绞刑，到了岁数依然要服强制兵役……不过那也是怀旧主义者眼里更单纯，更快乐的年份。冬季，弥漫在英伦三岛的雾霾渐渐消散，廉价的“忍冬”牌卷烟已经不是市面上唯一的选择，消费至上的新时代正在揭开序幕。那一年，每个人都在非常实际地考虑购置一辆还算不错的家用轿车和一台黑白电视机。

也就在这一年，捷豹公司推出了一款名为Mark 2的紧凑型轿车。该车造型美观，性能稳定，拥有一台3.8升排量，220马力的发动机，号称是当时世界上时速最快的四门轿车。跟花哨的汽车广告相比，Mark 2的价格倒很公道，也因此深受中产阶级喜爱。在那些年里，各大城市的街面上经常能看到Mark 2雅致的身影，不知道有多少囊中羞涩的年轻人，怀着一颗敬畏之心，

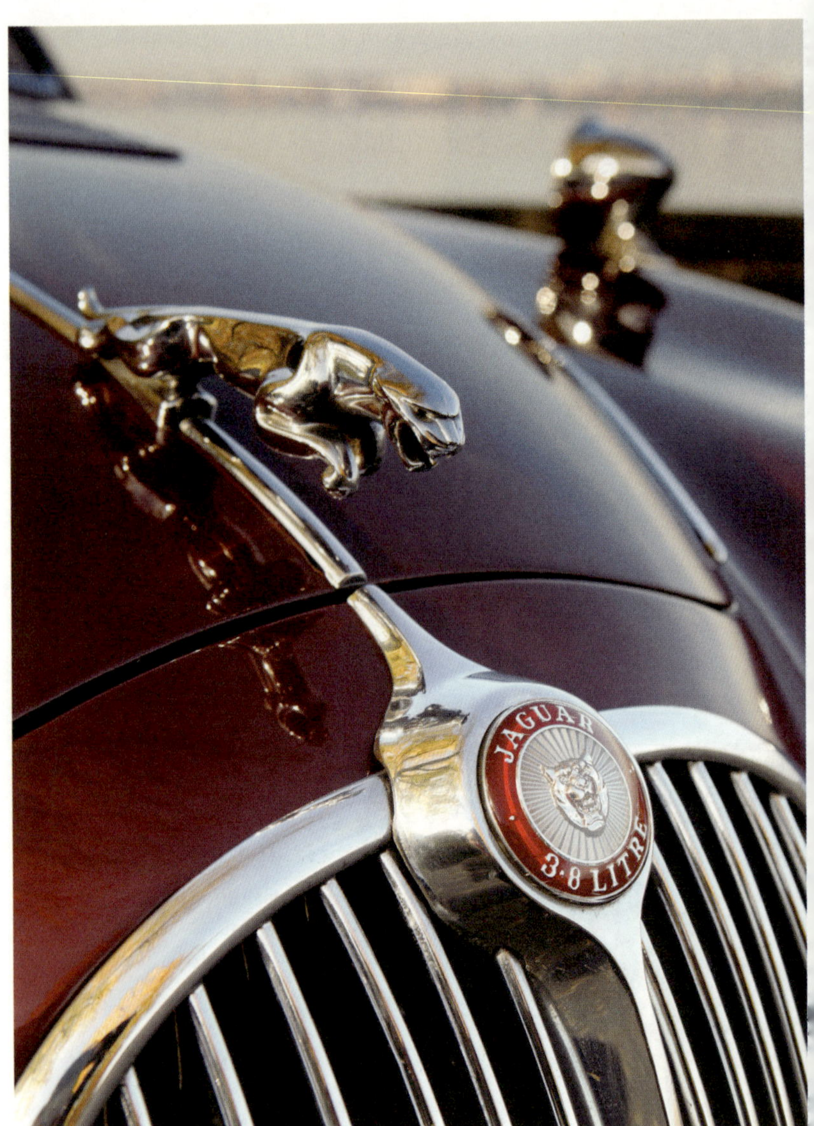
JAGUAR
3·8 LITRE

羡慕不已地望着它悠然驶过。

那些曾在街头眼巴巴地望着捷豹Mark 2的人中，一定少不了一个名叫西蒙·克罗宁（Simon Cronin）的小伙子。要不然，他为什么要在时隔二十年之后，买进一台已经垂垂老矣的Mark 2，而且对它爱不释手，朝夕相伴出行。之所以要说到捷豹和西蒙的故事，是因为眼下我正坐在由西蒙驾驶的捷豹Mark 2里，朝着一千公里外的日内瓦行进。

## Mark 2 的复古巡游

1979年，西蒙·克罗宁从典狱官的位子上退休。一个偶然的机会，他只花了区区400英镑，就从邻居家弄来了一辆Mark 2。当时这辆车正在原主人车库里养老，车里面还住着一条宠物狗。虽然被闲置数年，但这辆车的状况不算太差，一次性通过了英国交通部的车辆年检。“星期四那天，我提到了这辆通过检验的车，于是直接把它开到了英国国际汽车大奖赛赛场。”一路上，西蒙·克罗宁不止一次向我回忆起跟这辆Mark 2初次亲密接触的情形。

时间一晃而过，如今的西蒙是捷豹爱好者俱乐部的联合

DVY 77

捷豹Mark 2
最快四门轿车的回归

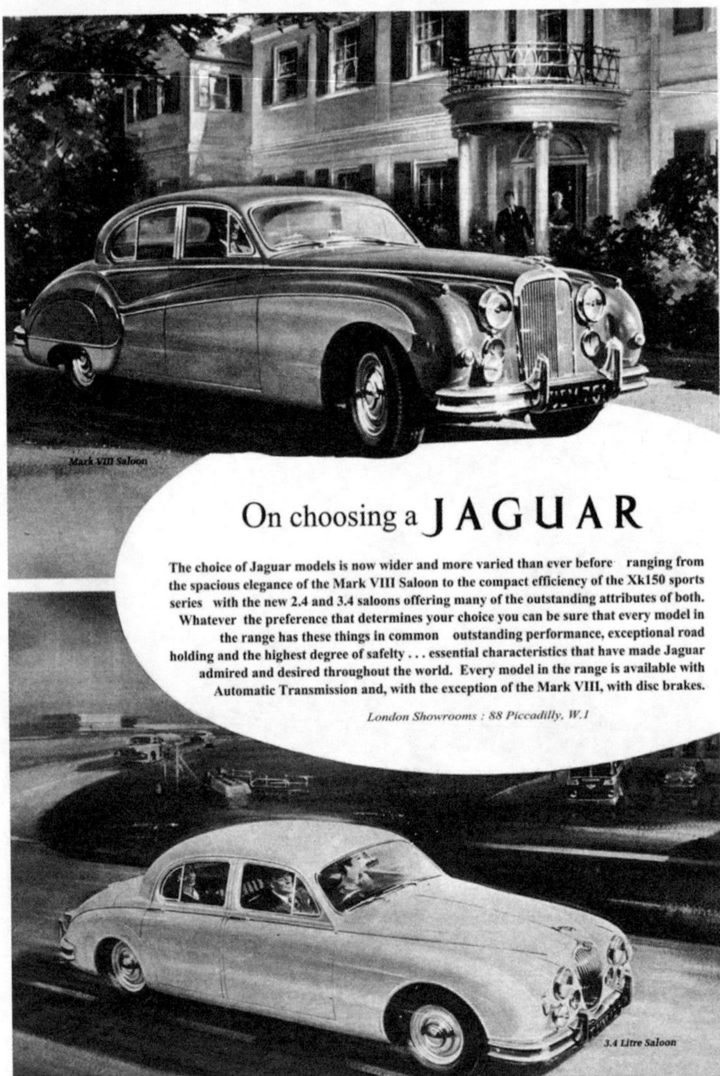

Mark VIII Saloon
On choosing a JAGUAR
The choice of Jaguar models is now wider and more varied than ever before ranging from the spacious elegance of the Mark VIII Saloon to the compact efficiency of the Xk150 sports series with the new 2.4 and 3.4 saloons offering many of the outstanding attributes of both. Whatever the preference that determines your choice you can be sure that every model in the range has these things in common outstanding performance, exceptional road holding and the highest degree of safelty . . . essential characteristics that have made Jaguar admired and desired throughout the world. Every model in the range is available with Automatic Transmission and, with the exception of the Mark VIII, with disc brakes.
London Showrooms : 88 Piccadilly, W.1
3.4 Litre Saloon


捷豹 Mark 2 的老海报

创始人。他跟妻子安（Ann）一道驾驶这辆捷豹Mark 2游历过好几个大洲，累计行驶里程超过25万英里，这辆车早就跟这家人的生活融为一体了。这一次，我们受邀跟他一道前往瑞士。

通常来说，欧洲大陆对于自驾旅行的态度是开放的，总能为驾驶爱好者提供一种神秘感，一段冒险经历和一种全新的感受。而把瑞士日内瓦作为此行目的地更是一个不错的选择。这座城市完美融合了欧陆风情，而且沿途的行车距离足够长——往返日内瓦和英国伦敦的距离有1500英里（2414



广告页面展示了捷豹 Mark 2 的豪华内饰与设施

公里）。此外，这座城市对于捷豹粉丝来说也是值得纪念的——史上最著名的捷豹——连恩佐·法拉利都赞不绝口的捷豹E-Type，就是在日内瓦第一次展示在世人面前，并一举成名。当初计划在日内瓦首秀的E-Type，走的线路跟我们很相似。

1961年3月14日，捷豹公司公关经理兼业余赛车手的鲍勃·贝里亲自驾驶着捷豹E-Type离开英国考文垂捷豹工厂，在多佛搭乘前往欧洲大陆的午夜轮渡，在法国加莱登陆，然后连续驾驶十多个小时，赶在新车揭幕仪式之前抵达了日内瓦。

幸运的是，我们的旅行并不需要像贝里那么匆忙。当我们最初拟定计划时，就把体验20世纪60年代的怀旧驾驶当成目标。用复古的方式致敬经典，特别是当你选择了一辆像捷豹Mark 2这样动力强劲的古董汽车，就更该把它开到户外，尽情地舒展它的筋骨，让人们欣赏它，颂扬它。要知道，英国老牌汽车杂志 *The Autocar* 曾把它宣扬为“品质比得上赛车的高级跑车”。到日内瓦的长距离行车线路，恰好能让我们检验一下，看看这种评价是否言过其实。

捷豹 Mark 2 的老海报

捷豹Mark 2
最快四门轿车的回归

THE

# JAGUAR

**3.8 MARK TEN, 3.8 'E' TYPE, 3.4 & 3.8 'S' MODELS**

**AND THE 2.4, 3.4 & 3.8 MARK 2 JAGUARS**

*continue unchanged for 1965*

The New 4.2 litre Mark Ten and 'E' Type models announced overleaf still further enlarge the already wide choice of superlative cars in the Jaguar range, all of which are continued without change. See them on

**STAND 116 EARLS COURT**

**The 3.4 & 3.8 litre 'S' Models**

With impeccable body styling and spacious interior, the 'S' model incorporates fully independent suspension—self-adjusting disc brakes on all wheels, reclining front seats, 19 cu. ft. luggage boot, twin petrol tanks. Automatic or manual transmission.
3.4 LITRE FROM £1670.5.5.
3.8 LITRE FROM £1759.13.9. (INC. P.T.).

**The 2.4, 3.4 & 3.8 litre Mark 2 Models**

As the 'Motor' says "A car of brilliant versatility." Docile in town traffic with the most exhilarating open road performance. Supreme safety and road holding. Disc brakes on all wheels. Available with automatic or manual transmission.
2.4 LITRE FROM £1348.17.1.
3.4 LITRE FROM £1463.12.11.
3.8 LITRE FROM £1557.17.11. (INC. P.T.)

## 重返“捷豹大道”

为了适应长距离旅行，我们早早上了A26高速公路，尝试了一把高速行驶，那是种惬意，带点飘飘然的体验。比起速度来，沿途的景观乏善可陈，这让我想起一段陈年旧事。就在捷豹推出Mark 2一个月之后，当时的交通大臣欧尼斯特·马普尔斯宣布连接伦敦与利兹的重要通道——M1高速公路——正式通车。在之后的很长一段时间里，这条拥有美丽风景的六车道柏油公路都被视为汽车巡游胜地，而拥有流线型外观的捷豹Mark 2，则是这条公路上驶过的最迷人的车型之一。有传言说，身姿优美，速度奇快的捷豹通常出现在公路的外车道（高速车道）上，于是这条车道被人们戏称为“捷豹大道”。毫无疑问，我们所在的这辆Mark 2如今再度踏上高速路，正在寻找昔日的荣光。

透过车窗，我们得以细细品味这辆车撩人的优雅。缔造捷豹的威廉·里昂斯爵士是一位精明的实业家，同时也是一位真正的美学家。他对于让光线落到仪表盘上的角度有一种奇异的追求和执着，这让他的车透露出一种由内到外的美感。在20世纪50到60年代，汽车款式越来越具有现代感，棱角分明，而捷豹Mark 2却依然故我地对潮流保持着“不敏

F U N C T I O N A L   E F F I C I E N C Y   A L L

## KEY TO INSTRUMENT PANEL

1. *Ammeter.*
2. *Fuel gauge.*
3. *Exterior lights switch.*
4. *Oil pressure gauge.*
5. *Water temperature gauge.*
6. *Revolution counter.*
7. *Electric clock.*
8. *Speedometer.*
9. *Choke (2.4 model only).*
10. *Intermediate gear hold. (Automatic model only)*
11. *Interior lights.*
12. *Panel light.*
13. *Heater fan control.*
14. *Ignition switch.*
15. *Cigar lighter.*
16. *Starter button.*
17. *Map light switch.*
18. *Electric screen wiper control.*
19. *Electric screen washer control.*
20. *Automatic Transmission lever or Overdrive control.*
21. *Clock setting.*
22. *Headlamp dip switch.*
23. *Horn ring.*
24. *Automatic transmission quadrant and flasher warning lights.*
25. *Trip recorder setting.*
26. *Direction indicator & flasher lever.*
27. *Heater control (temperature).*
28. *Heater control (volume).*
29. *Radio control (when fitted).*
30. *Radio control (when fitted).*
31. *Radio panel (when fitted).*
32. *Scuttle vent lever.*
33. *Combined brake fluid level indicator and handbrake warning light.*

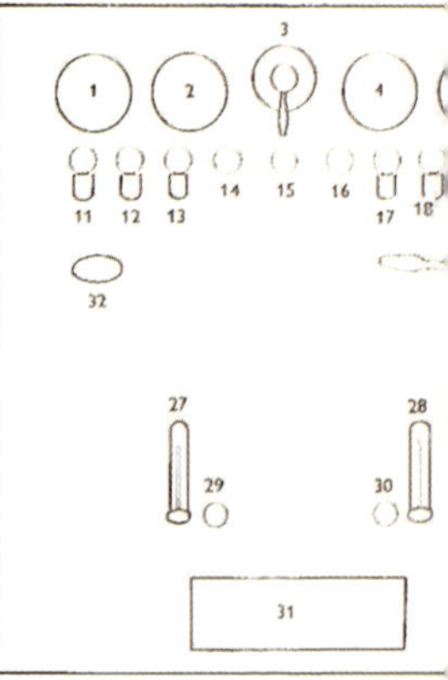

TO BEAUTY

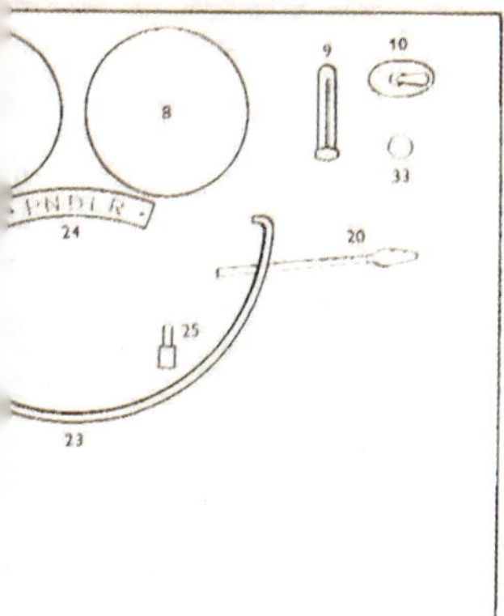


感”。与生俱来的英伦格调让它面对大批竞争者屹立不倒。令人惊讶的是，尽管它有着华丽的车内装饰与沉重的动力传动系统，但重量只有现代捷豹车的一半。

我们继续前行，正如许多年之前，那些驾驶Mark 2的英国人最乐意做的那样。平坦的道路蜿蜒向前，被点染得分外美丽的森林从车窗外一一掠过。透过那些自由的枝杈，阳光一格一格地打在车上，仿佛我们正在穿越某条时光隧道。比起窗外的自然风景，我们的车显得相当高调。车内的氛围奢华而敞亮，老式的车顶框架很是纤细，这让周围的视野特别宽阔。现代的驾驶者虽然对宽阔的视野同样渴望，却只能被气囊和较高的汽车腰线所限制。

当你看到中等规格的引擎盖上逐渐变得尖细的曲线时，你会意识到Mark 2的设计真的很紧凑，然而围绕着你的芳香皮革，以及闪亮发光的饰面，却给人一种高大上的感觉。那些小巧的开关装置，精美的“史密斯”仪表盘，还有距离你的指关节只有几寸的窄屏，每一样都精巧别致。此外，本车还预留了一个尺寸适中的行李箱空间和足够大的后座，这可比现在的捷豹XF还要优越——是的，另一辆XF被我们当作了此次旅程的备用车和摄影车。

穿越海峡前，我们有机会把车停在到一处狭窄的堤坝上。满地落叶衬托着Mark 2的优雅弧线。经历了一段高速飞驰后的宁静，确实深得人心。我们也有机会放松身心，眺望起伏的海岸线。在面临大海的大片植被中，伫立着若干造型纤巧的建筑，跟广阔的自然天地恰成对比，那也许是我们下一次可以探访的景点。在20世纪60年代，拥有Mark 2的人是不会错过海滨假期的。每到夏天，度假酒店里停满了豪华轿车，有许多可以被写成小说，拍成电影的有趣的故事，就发生在这种场合。

西蒙向我展示了Mark 2配备的精美野餐桌。这让我更加确信它是一辆在那个年代物超所值的车。跟捷豹的许多作品一样，Mark 2胜在恰如其分的高调。那些生活比较富裕的车主，既倾倒于它的豪华内饰与强大动力，也为它1842镑的售价而心动不已。“传奇与成功都不是没有理由的。”跟西蒙聊着20世纪60年代往事，我对于Mark 2在销售上的成功有了直观感受。

## 情归日内瓦

稍晚之后，我们在通往法国圣迪济耶的N44公路向南行驶，那将是我们行车途中过夜的第一个地方。有那么一段时间，我们的话题是20世纪60年代——披头士乐队、Twiggy 、阿波罗登月……我估计几十年前，这辆车上原来的主人会聊些更严肃的话题，那时候买得起这款车的人，应该对经济政策和石油危机兴趣更大。我好奇地问起西蒙·克罗宁，为什么他能对一辆车保持三十年的忠诚？“我想是因为这辆车能够做到我想要它做的事情”。这回答也太平平无奇了，也许对于家庭成员你总

DVY 774C

是无从赞起，因为他就在那儿，那么近，就是你生活的一部分，对西蒙来说，这辆车他生活的一部分；而在我看来，这一切只能是机缘巧合，或者是为了圆一个过去的梦想。你带一辆车跨越时空，保持着最初的魅力，赋予它在另一时代的新生，这已经足够了。

第二天早上，我们又重新回到高速公路上。在去往波利尼的途中，我们选择了一条开往杜西耶的路线。沿着两侧层林尽染的公路前进时，我们发现路上出奇的安静。

捷豹Mark 2的整体结构中规中矩，轮胎也还好用，但转向不足的问题依然存在。西蒙·克罗宁的这辆Mark 2经过特

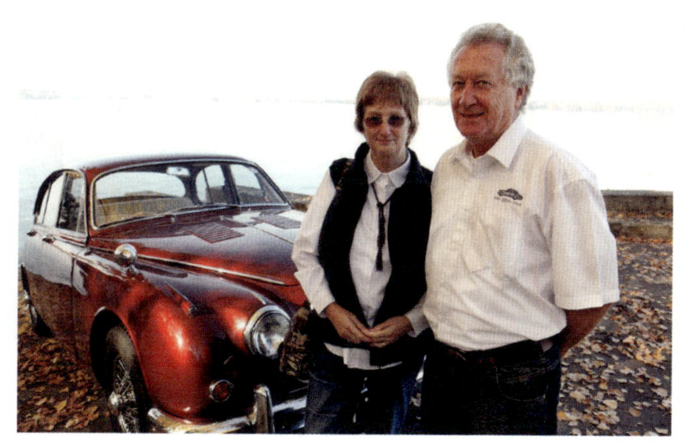

克罗宁夫妇与他们的爱车

别调校，因此感觉要更加灵活敏捷一些。即便如此，我们的行程也非一帆风顺。在瑞士侏罗山的山口，Mark 2沉重的离合器足以让你抓狂。那些盘旋而上的山间公路，虽然给我们提供了巨大的视觉享受，但并不完全适合一辆岁数很大，技术上存在缺陷的捷豹古董车。

经历了第一轮山间冒险之后，我们在瑞士日内瓦湖边的尼翁转了个弯，然后在一条单行道上开始了一段新的艰难上坡路。直到树木繁盛的山口，我们才重新看到了侏罗山，这里甚至还发生了逆温现象：晴朗的天空一片蓝色，山谷里还飘着几朵云，山上的温度甚至比山下还要高。为了抗议这种费气力的长途跋涉，老迈年高的捷豹Mark 2还从它的溢流管里排出了一些冷却剂。

到达日内瓦时正是上下班高峰。为了寻到一家跟预算相符的酒店，我们驾驶着Mark 2在车流中穿梭。在繁忙的街头，捷豹Mark 2的车头灯看起来有点微黄，它的小巧尾灯和如今捷豹车发出亮光相比更为刺眼。车内的仪表盘散发出一束怀旧的绿光，发动机盖下传出了机械运转时低沉的声音……也许它也明白，到了该休息的时刻了。

好吧，不能不承认这是一趟匆匆忙忙的旅行，但至少让我明白了为什么Mark 2会在20世纪60年代如此受欢迎。它优美的造型，可靠的速度，以及厚重到固执的英伦格调，确实让人印象深刻。让我们忘掉关于怀旧的陈词滥调吧，也不要再纠结于英国文化标志之类的胡话。直截了当地说：这是一辆真正意义上的好车，我们经历了一次难忘的旅行。

# 追随甘露的脚步

## 8升车宾利

罗马立于七座山丘之上，而我们脚踏着七个威士忌酿酒厂。这里流淌着琥珀色的液体，丝毫不逊色于我们驾驶的这台古董宾利汽车。

宾利8升车
追随甘露的脚步

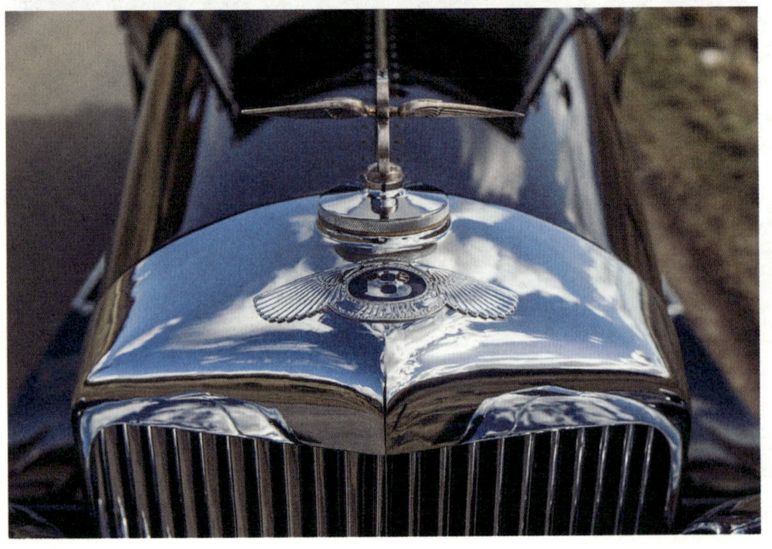

“杰克·布坎南可真是个懂得怎样花钱的人！”当这个念头在我脑海中一闪而过时，我正置身于这位大明星的故乡苏格兰的一家酒吧里。在距离酒吧不远的停车场，停着曾属于这位演员的宾利8升车，即便是夜色都无法掩饰这款汽车的招摇姿态。

1930年的下半年，整个西方世界都在经济危机的阴影下惶惶不可终日。即便是那些身价不菲的英国阔人们，都不得不把一分钱掰成两半来花。可是这位红极一时的演员杰克·布坎南——也许我们该一本正经地称呼他的全名，沃尔特·约翰·“杰克”·布坎南（Walter John "Jack" Buchanan），以及他所在的剧院，竟然还能负担得起一部昂贵的豪华宾利车，这实在是令人啧啧称奇。

当年10月，布坎南说动了宾利汽车的创始人沃尔特·欧文·宾利，以相当可观的价格开走了下线的第一款8升车，如此大手笔轰动一时。如是传奇，其实也不过是过眼云烟，后人只能揣测当初的情形：两年后布坎南把这款车折价售出，是因为他囊中羞涩了？还是因为他对这款车终于失掉了兴趣？没人能给出准确答案。

宾利8升车
追随甘露的脚步

## 迷失在威士忌之乡

说来有趣，以在舞台和银幕上塑造经典英国绅士形象著称，被《泰晤士报》誉为“（维多利亚时代）最后的花花公子”的杰克·布坎南，其实是个地地道道的苏格兰人。1891年4月2日，沃尔特·约翰·布坎南生于苏格兰海滨城镇海伦斯堡，父亲是拍卖行的资深拍卖师。12岁那年，布坎南的父亲去世，全家生活陷于困顿，不得不迁居格拉斯哥。母亲希望布坎南子承父业，布坎南答应了母亲的要求，一毕业就加入父亲曾经工作过的拍卖行……不过他也没有放弃自己对表

布坎南的电影海报

演的热爱，同时参加了格拉斯哥的业余演剧协会。1911年这个年轻人第一次出现在职业舞台上，不久之后，他前往爱丁堡，那里成了他职业生涯的起飞之地……

这里是达夫敦，位于苏格兰高地斯佩塞地区的中心地带。据说要收集像布坎南那辆8升车一样价值连城的威士忌，再没有比这里更合适的地方了。这座拥有1500名居民的小镇，被可爱的、连绵起伏的丘陵，以及若干闻名遐迩的威士忌酒厂包围着，堪称是威士忌之乡。用酒吧邻座那些怡然自得的当地人的话来说，“罗马立于七座山丘之上，而我们脚

GLENFIDDICH
DUTY FREE WAREHOUSE
Nº 1
672
WOB D767

踏着七个酿酒厂。”

我们驱车前往格兰菲迪酒厂（Glenfiddich），它不但是本地最知名的，也是最大的一家酒厂。这里每年生产千万公升的美酒——而品类仅只一种：单一麦芽威士忌。半个世纪之前，这种琼浆玉液的魅力在此地被发扬光大，因为此前人们更喜欢将不同酿酒厂的威士忌混合勾兑后再出售，返璞归真的单一麦芽威士忌反而颇受冷落。当然，无论在过往岁月里酿酒者们曾怎样剑走偏锋，最终都要回归威士忌的源头：那就是古早时用大麦酿造而成的蒸馏酒“生命之水”。这种烈酒在拉丁语称为“aqua vitae”，威尔士语则叫作“uisge beatha”，后来逐渐成为苏格兰语中的“whisky”和爱尔兰语中的“whiskey”。

今天，格兰菲迪的威士忌远销全球，但这里的生产设备却远不如我们想象的规模宏大。跟大型工厂不同，这里的人们多少还保有旧日威士忌酿制的遗风流韵。从我们缓缓开行的8升车的车窗看出去，工人们正缓慢地滚动几个木桶穿过院子，院子尽头是蒸馏器所处的“安静房间”，也是整个酿酒工序的核心部分。一种甘洌的威士忌所包含的，可不仅仅是不起眼的粗磨谷粒，更重要的是将它们酿制出来的方式。

说起谷粒，格兰菲迪的邻居百富酒厂（Balvenie）更为有趣一些。这家品牌在自家的田里种植用于酿造的谷物。放眼望去，收割早已完成，酒厂宝塔型的屋顶下方已燃起了酿酒的熊熊火焰。另一边，罗比·康利和他的同事们正在存放麦芽的仓库里挥动铲子，小心地铲着大麦。空气中弥漫着某种特殊的烟熏味道，人们的鼻子和上颚在发痒。罗比在此已工作了三十九年，他用酣畅淋漓的挥铲动作让发芽的谷物在空气中散开，娴熟的动作像是在提醒参观者，你最好不要尝试去挑战他，无论是喝威士忌，还是掰手腕。

## 今朝美酒与往事钩沉

尽管美酒诱人，但我们并不打算跟宾利8升一起迷失在斯佩塞。一天之后，我们离开此地，驱车转向距此八公里的格兰罗塞斯酒厂（Glenrothes）。一段行云流水的行程之后，酒厂风格古朴的建筑已经跃然在目。公关部门的负责人罗尼·麦考斯充分展现了苏格兰人的幽默感，“在那里，”他说着使了一个眼色，指向了隔壁的墓地，“那里都是前辈酒徒。”

D.J. Chippie
D.J. Chippie
GK 672
WOB 0767

据说，在达夫敦有好几种威士忌都打着“酒中劳斯莱斯”的旗号，而格兰罗塞斯则被一些威士忌鉴赏家誉为“酒中宾利”。也许是因为这个牌子没那么高调，却一样品质出众。为了证明这一点，我们被引入神秘的酿造车间，这里的氛围近乎神圣。

在一座配有十个巨大铜壶的建筑中，透明的蒸馏成果伴随着令人充满遐想的咕嘟声缓缓流出，然后被导入大桶存放。经过一段时间的储存，它们会变成金黄色调，流进精致的小型玻璃容器。这一切都是在一派不动声色的状态下进行的，虽然全程充满了金属与工业元素，但几乎没有什么噪声。其间考克斯轻巧地拧开一个圆盘，指点我们查看酒浆的纯净度。很难想象的是，这些液体是如何变为一个小时后我们看到的那种琥珀色液体的。靠在古色古香的皮质座椅上，让1978年款的格兰罗塞斯美酒顺喉咙流下，甘甜而细腻的感觉仿佛是液态的太妃糖，这一切实在妙不可言。

半酣状态下，我们交换了彼此掌握的若干信息。带着几许英国上流阶级腔调的罗尼向我描述了自己闲暇时对围猎松鸡与垂钓鲑鱼的热情，还深挖了一些本地酒厂的陈年往事。这家厂子在1878年建成后一度财政状况不佳，当地的头面人士为酒厂的存活出了不少气力。

而我则提起我们乘坐的这款宾利8升车的前世今生。8升

车诞生没多久，宾利品牌就抵挡不住大萧条的冲击破产了。老对手劳斯莱斯接手了资不抵债的宾利工厂，给宾利本人安了一个名不副实的助理总工程师的虚衔，此后宾利长期作为劳斯莱斯旗下的运动跑车品牌存在着。作为宾利新一代旗舰产品的8升车只投产了区区百台就黯然收场。至于我们驾驶的这款史上首台8升车，自从被布坎南售出，几经流转，倒是一直被珍爱的藏家妥善保管着。如今，它属于位于沃尔夫斯堡大众汽车公园之内的宾利博物馆。

至于它的第一任主人，我们今天能知道的是在购入这台宾利的时候，正是布坎南职业生涯的辉煌顶峰。坊间传闻，这个伦敦剧场红人，最早的好莱坞英国影星，是当时欧美收入最高的艺人——他创办了属于自己的剧院，每周收入超过一千英镑。他还以对员工的慷慨著称，每到赛马季开幕，他都会取消一天的演出，带着全体演员和员工前往观赛——所有人膳食免费，同时一人还会再发五英镑——“去找匹你们喜欢的赛马下注吧，玩一把。”

## 征服高地，抑或沉醉其间

跟格兰罗塞斯告别的时刻到了，下一步，我们要穿越乔摩切特隘口。这是一段足以让宾利8升车大显身手的爬坡路。

GK 672
WOB 0767

GK 672
WOB 0767

尽管已接近90高龄，但8升车余勇可嘉。虽然比不得往日在超车道上的风光无限，但当它铜铃般大的眼前灯，以及闪耀着镀铬光泽的进气格栅出现在前车后视镜中时，也足以令前车司机震撼不已。

当年，宾利的销售人员向顾客保证，本车可以轻松达到每小时100英里（约160公里）的速度，并且极为安静，这一点确实不假。这台8升车的发动机安静而完美。在一档驱动后，你可以调至四档。伴随着最小的磨地声，车辆行驶产生的强大气流在耳边呼啸而过。即使在畅通无阻的高速公路上，转速表指针也只超过了2000。驾驶的乐趣让你忘记了它的年龄。

只有亲身驾驶过8升车的人，才会理解它在自身所处的年代曾拥有多大的技术优势。无论你平日驾驶古董汽车有多么斯文，面对这台宾利也难免跃跃欲试：不由自主地驾驶着它做急转弯，加速时也不再优柔寡断。它令人惊叹地，平稳而安全地驶过窄街，越过高地的山峰，迂回穿过河谷。不同于许多战前的老车，8升宾利车能做到准确制动。即使为了躲避低空飞行的野鸡而猛打方向盘，司机也能像前引擎盖下沉稳的六缸发动机那样洒脱自如。

我们在山口停车小驻，让清冽的空气充盈我们的肺。残雪堆积在车道两侧，这是一片劲风肆虐的贫瘠土地。我们所处位置的年平均气温只有摄氏六度左右，但我们在停车场遇到的导游却一直宣称，一个真正的苏格兰人，在短裙下什么都不用穿。

苏格兰海拔位置最高的酿酒厂达尔维尼（Dalwhinnie）就坐落在我们眼前这块土地上。虽然自古以来此地就不是富庶之乡，但温和的绅士精神却始终萦绕不去。

令人艳羡的民风也许是酿就美酒的必要条件，正如清纯的空气、河流一样。在这一切的条件之下，这家属于安德鲁·赛明顿的酒庄酿出了纯正而带有微妙风味的高地威士忌。赛明顿的酒厂是苏格兰最小的，也是如今为数极少的，依然属于私人而非大型国际饮料康采恩的独立酒厂。一条清澈的山涧从酿造区中间穿过，粉刷成白色的酒厂建筑和红色的大门娇小可爱，看起来像儿童乐园。这里用于蒸馏的锅炉房并不比一个两居室的公寓大多少，我们所乘坐的8升车几乎不能通过庭院的车道。

事业有成的安德鲁·赛明顿对8升车很感兴趣，不过还是更喜欢开着四四方方的德产卫星牌轿车驶过山丘，那是他妻子送他的礼物。其实卫星轿车并非本地区唯一来自德国的进口货，本地最知名的蒸馏技师马蒂亚斯·波瑟也是德国人。来自萨克森-安哈尔特的他原本是一名学识丰富的商人，几年前的一次度假让他留在了高地并投身于威士忌事业。如今经他手酿造的单一麦芽威士忌超过135000公升，每年供应给本地包括赛明顿酒厂在内的酿酒企业。

GK 672
WOB 0767

作为我们此行的最后一站，品酒环节依然必不可少。安德鲁邀请我们到他的仓库之一去一试滋味，那里能容纳我们的宾利车。在湿冷昏暗的环境中，瓶塞嘭的一声从酒瓶中弹出。借助直射入谷仓大门的光线，我们可以通过从杯壁上滑落的液体欣赏醇酒的色泽。然后是闻味，也就是行话里说的嗅探，因为威士忌会挑动你的嗅觉神经，让你未饮先醉。细细品味由安德鲁为我们斟上的佳酿，焦糖、蜜饯和香料的混合味道如烟花般在我们的唇舌间绽放。

且慢，这只是第一轮。安德鲁欢畅地又为我们斟满酒杯。“为健康干杯。”他用盖尔语向我们祝酒。这场痛饮一直持续到夜深时分。虽然像俗话说的那样已经酒过三巡，性格如威士忌般醇烈的主人仍然在挽留我们，何况，品尝了酒精浓度高达57.7%的液体之后，开车并不理智。

好吧，安德鲁……再来一杯，让8升车今晚原地待命。回到博物馆对它来说还太早。在它降临人间的数十年里，还从未在威士忌酒桶间过夜，因为即使富如杰克·布坎南，也从未拥有过这样一个用美酒环绕的车库。

# 时光的回溯 织女星 法赛尔

按照当年的规矩，英国经销商每售出一台法赛尔，就会由专门的销售顾问飞临巴黎，亲自把这种法国打造的豪华轿车开回英国。即便是这种例行公事的旅行，也足以令人倾倒。

EYY 140B

啤酒是个好东西。无论是昨夜畅饮时还是今天早晨朦胧醒来之际，这个念头始终在我脑海里挥之不去。跟这桩“好东西”联系在一起的是一款不大为今天人熟悉的汽车——法赛尔。1962年8月3日出版的 *Autocar* 杂志声称：“踏进一部法赛尔Ⅱ（全名是法赛尔·织女星·法赛尔Ⅱ, Facel Vega Facel Ⅱ），开着它去兜风，或许是很多人永远无法企及的梦想。”

在头天晚上端起那杯啤酒之前，我从来没想到驾驶法赛尔的机会会如此轻易落到自己头上。肯特群高定-班克斯古董车行的合伙人之一，贾斯汀·班克斯酒至半酣，向我透露说

织女星初次亮相巴黎车展

他们手里有一部极为少见的法赛尔，在经历了长达五年的漫长修复后，终于完工，之后很快会被售出。我问他能不能让我先过把瘾，比如从巴黎开去伦敦。他回答道："当然可以，我又不是小气鬼。"于是我们继续喝起啤酒来。

然而，等到第二天早上，我穿过英吉利海峡，一本正经站在巴黎乔治五世大街19号门口时，不禁对这个约定产生了一丝怀疑：它真的会出现吗？这种车当年的产量一共只有184辆，而我要驾驶的是其中更为少见的右舵车，总共下线了26部。对了，在1964年宣告破产以前，我所在的这个地址是法赛尔汽车的总部。前一晚，我们约定从此地开始一段跨海的超级旅行，而且好像还一本正经把这个约定写到了一个

法赛尔·织女星
时光的回溯

啤酒杯垫上。正是这个签字画押的杯垫给了我不少信心。运气不错，一刻钟后，当我正准备离开时，突然看到标志性的三段式格栅和Marchal Megalux头灯正朝我的方向驶来。伦敦，我们要来了！

## 古董车花都历险记

打开车门，踏上不锈钢护板，我进入了一个令人惊叹的华美世界。

法赛尔早期是以出品定制车身出名的，因此在它为自己

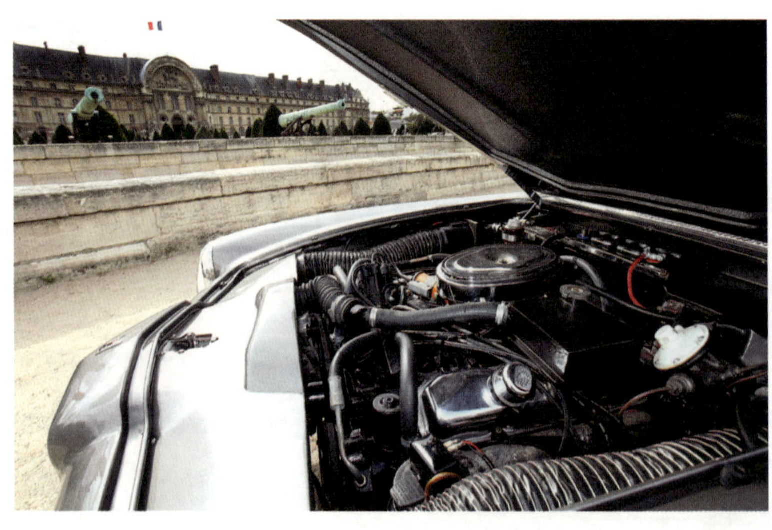

打造的车厢里，装潢可谓不遗余力。内饰大面积使用火炬红色的康纳利皮，搭配厚厚的威尔顿地毯，还有覆有皮革、装置着积家仪表盘的黑色仿木仪表板，巨大的深碟形木料镶边方向盘占据了前方的空间，中控台上的五根温度控制杆带来巨大的视觉享受……一切都洋溢着奢华旅行时代的魅力，瞬间把驾驶者带回半个世纪之前。

轻踩油门，下吸式四腔卡特化油器准备就绪；转动钥匙，排量6.3升的V8发动机瞬间爆发。这款由克莱斯勒公司生产的楔形发动机被 *Autocar* 杂志誉为“法赛尔最杰出的特色”。尽管车辆的整体质量接近两吨，但得益于助力转向系统，它可以在高峰时间的车流中灵活穿行。发动机响应非常迅速，强有力的扭矩将我们向前推进。后视镜里，法国最后一家豪华车制造商昔日的总部离我们越来越远。

接近车水马龙的香榭丽舍大街，这不由得让人深吸一口气。让这部价值超过17.5万英镑的法国古董车汇入车水马龙的场面，需要钢铁般的意志。一旦置身其中，所有关于时间和空间的感知都仿佛是不复存在。

十二条车道汇集而来的车辆穿梭来往，我竭力避开争先

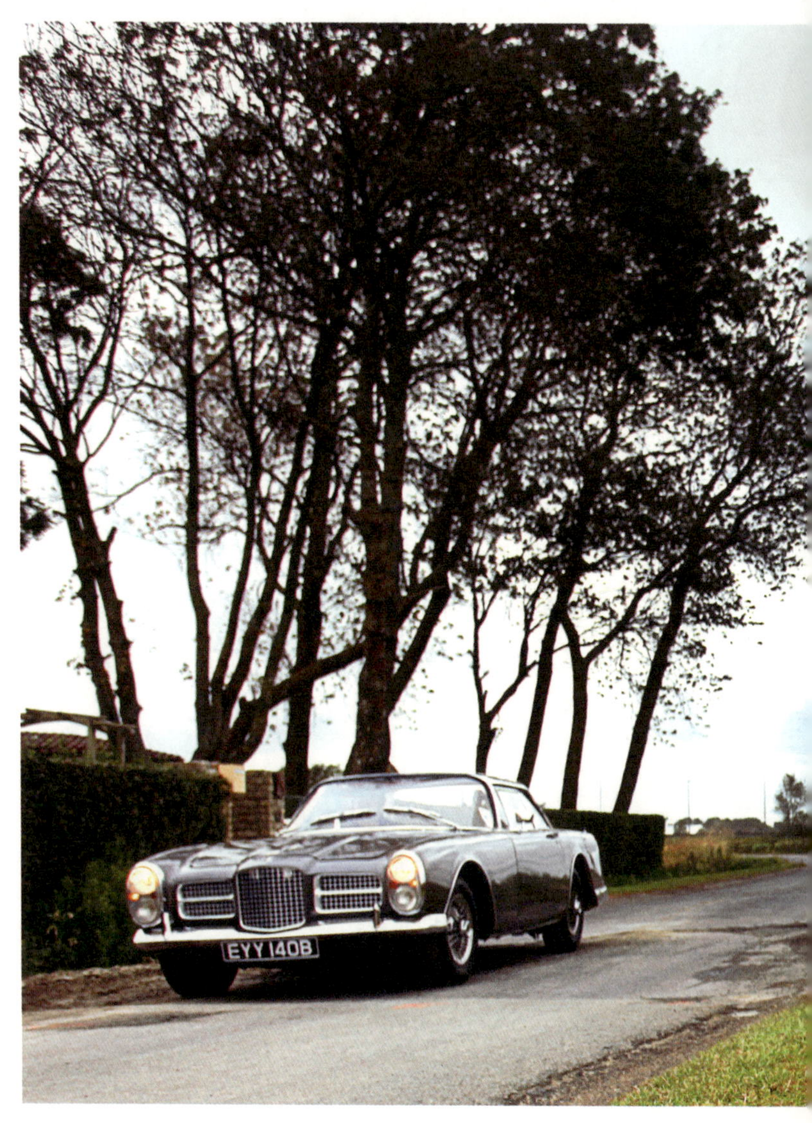
EYY 140B

恐后的车辆，但阻塞看起来在所难免。接下来发生的事情很是奇妙：一名眼神热切的青年停下他破旧的雷诺汽车，示意我们从空隙中通过。其他驾驶者也一个接一个地效仿，给我们留出了通道。法赛尔·织女星品牌一度受到法国普通民众的冷遇，但如今形势不同了，它成了关于法国豪华汽车往昔美景的标志，正受到越来越多人的关注。

我们在巴黎繁忙的街道上平静地缓缓前行，毫无疑问，在市区开这部车的人不会有猛踩油门之类的粗鲁想法：这是一部用于观赏的车辆。经过一条人行横道时，该品牌在巴黎民众心目中的地位再次得到印证。一对年轻情侣恰巧路过，女生看到这部车时，连忙拉着她的情郎转身来看，差点把他拽倒在地。望向发动机罩上的徽标，她轻启朱唇说出“Facel Vega”，然后向我投来赞许的目光。这就是当年人们购买法赛尔的原因——它的气质赋予车主他们希望获得的身份地位。

不幸的是，一些看起来处境较为困难的人很快也注意到我们，开始朝发动机罩吐口水。看来无论身处什么时代，过于引人注目难免引来麻烦，不过我还是愿意将之视为另一种方式的赞美。当然，让我保持克制，没有下车理论的原因还包括同车的班克斯处变不惊的神态，以及我对巴黎的了解。你不得不接受一个如同万花筒式的巴黎，有最好的，也有最坏的，最喜闻乐见的，以及最不堪忍受的。只有这一切的组合，才是那个正常的巴黎。

## 时光隧道里的旅行

无论巴黎人如何看待这台车，我们的旅途继续。不久之后我们转入巴黎的环城公路，这里同样要走走停停，直到驶上A1北方高速公路，我才有机会踩下油门。化油器的四个阻风门首次全部打开，带来令人震惊的加速度，从0到60英里加速时间仅需7.8秒——这个成绩即使今天看来都很快，更不用说在1961年了。

高速行驶状态下，车辆极为平稳，直线前进时几乎不需要调整方向盘。尽管A柱很细，风声被控制在最低限度；即使在满载情况下，能察觉到的也只是进气口的嗡嗡声和发动机阀门令人安心的咔嗒声。备用的动力令超车轻而易举，我们愉快地驶过法国的乡间道路，朝着海峡的方向向北疾驰，正如这部车多年前那样。

在法赛尔最好的20世纪60年代，这样的一辆法赛尔Ⅱ标准配置售价5570英镑，同时还提供各种有趣的升级项目，包括后悬挂减震器、可替换的喷漆金属仪表板，以及镀铬轮毂。

这个时代的人们做好了改变的准备，他们希望脱离阿斯

EYY 140B

顿·马丁、劳斯莱斯或者法拉利的既定套路。法赛尔就与它们完全不同，它有自己独特的迷人气质，而且性能卓越，许多名人（包括不少英国大人物）乐意为之一掷千金。据说，全球范围内法赛尔的买主名单堪称一部20世纪60年代的名人录。

按照当时的规矩，英国经销商每售出一台法赛尔，就会由专门的销售顾问（他们大多是前赛车手，谙熟高性能跑车）飞临巴黎，把英国客户订购的法赛尔从乔治五世大街开回英国。这种旅行当然是公事，但不止一位前法赛尔销售顾问告诉我，他们在此过程中也会被这些车辆的魅力深深感染。当然，这种交付方式在今天是不可想象的，即便是你购买一台超级跑车，也无法享受这种待遇。

在加莱，我们被指引到最近的一班渡船，将车停在甲板下方，出来欣赏外面的风景。海峡风平浪静，我们的航程安宁宜人，真是幸运。稍稍欣赏了海面风景之后，我们撇下船边的水鸟，下去细细品味静止的法赛尔Ⅱ。

不能不承认，这款车的设计者对时代审美的把握非常精准。人们的品位发生了变化。尽管法赛尔Ⅱ的机械构造与之

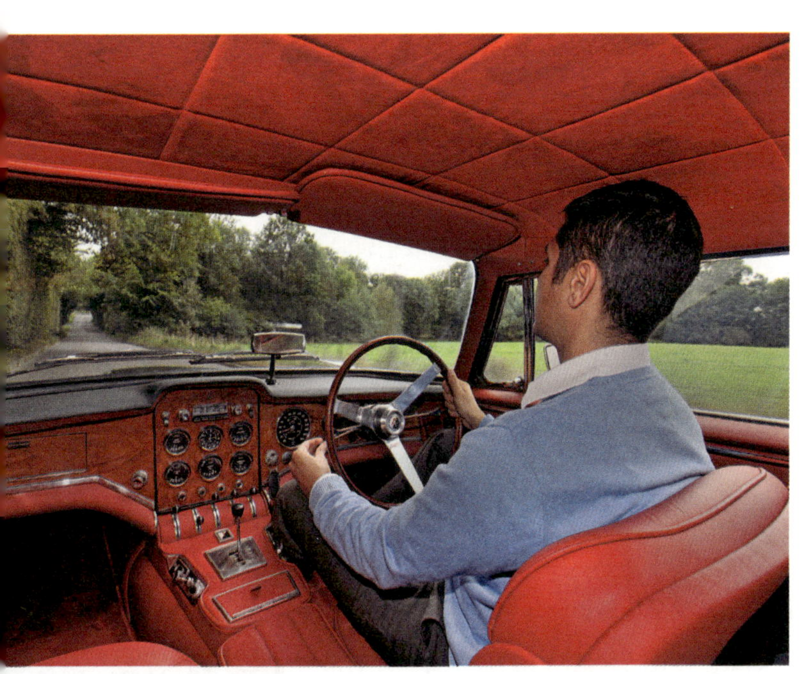

前的法赛尔HK500相同，但骄傲的超大型轿车的时代已经一去不复返了。法赛尔Ⅱ的冲压焊接钢质车身与之前车型相比更长，也更低；洒脱的车顶轮廓线让它看起来更加修长而不是庞大；陡斜的轮罩拱一直延伸到Art Deco风格的车尾；车身周围则遍布精工细作的不锈钢金属部件……这些变化让它脱离了劳斯莱斯或者宾利的豪车风格，成为一部略显浮华的欧式运动轿跑车，也因此深受当年那些上流人士们的青睐。

## 请在伦敦兑现承诺

船抵英格兰，通过海关，我们继续上路。虽说，这部车最擅长高速直线行驶，但这会儿让我们暂时避开通向首都的干道，看看它在肯特弯曲的乡间小道上表现如何。周边植被葱茏，若干荒僻的村镇从车窗外一闪而过。

我们的体验非常有趣，传统弹簧悬挂带来舒适的驾驶体验，可调节后减震器有助于抵消负载变化。事实证明，这头力大无比的巨兽在路况不佳的田园环境中不像预计的那样颠簸，但在这种道路上行驶确实也非它所长。

到了镇上，我们沿A2公路穿过黑墙隧道，随后静静驶过伦敦郊区一座冷清的城镇。筑堤上发生了交通堵塞，发动机的热量令人难以忍受。好在所有法赛尔车型都标配了空调，于是我们可以打开它凉爽一下。和很多搭载大块头美式发动机的欧洲车型一样，发动机舱空间狭小意味着需要忍受突然的灼热，幸运的是这部车拥有现代制冷设备。

我们绕路半个小时，在油快一滴不剩时，进入了一家加油站。加油机设置在坡道上，这更突显出法赛尔Ⅱ低矮车尾的独特美感，我们都站在一旁敬畏地凝视着它。旁边的加油

EYY 140B

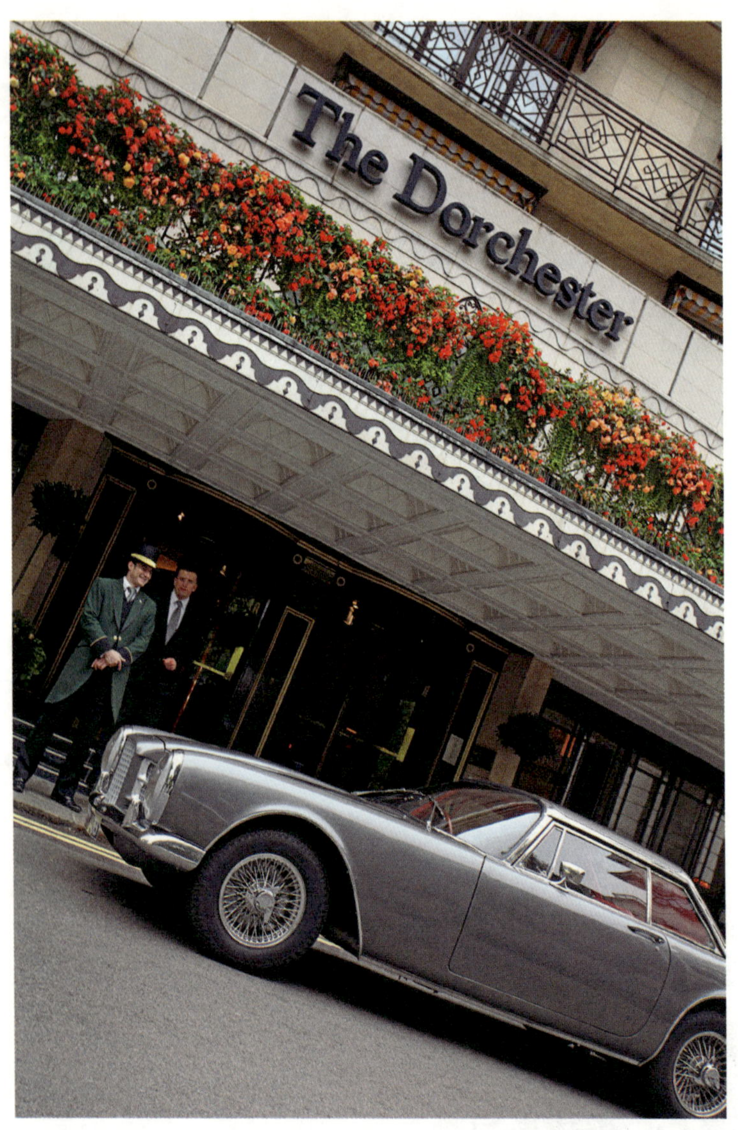
The Dorchester

机旁停着一部保时捷911turbo，它的主人回来时看到了我们的法赛尔。我能看出他情绪的巨大起伏，仿佛要调查出它是否侵犯了自己的座驾。当他将目光移向车辆的发动机罩，我明白他要问什么，便答道：“排量？6.3升。”毫无疑问，在发动机领域的排量对决中，我获得了完胜。伴着一阵日耳曼式的排气管咆哮声，他的车轮空转，一溜烟开走了。

两分钟后，我们到达最终目的地。多切斯特饭店的看门人朝我们走来，一边说着“太棒了，先生，太棒了”，一边为我打开车门。看到法赛尔Ⅱ如同回家一般在周围华丽的环境中怡然自得，我还不太确定我们的旅程是否到此为止了。班克斯将手伸进贮物箱，找出了我们的啤酒垫合约。垫子正面是原始的协议，只见他翻到另一面，向我展示了这次旅行的代价——我亲自书写并签名的“在多切斯特饭店共进午餐”。可是我怎么完全没有印象？

我苦笑着把钥匙还给这部车的合法所有人。这是一次非凡的旅程，然而带着一丝令人烦恼的遗憾：法赛尔公司所有车型的生产只持续了十年。不过，当我凝视无比壮丽的法赛尔Ⅱ，我意识到这部法美合璧的杰作证实了一个现象：最亮的星燃烧得最快、最激烈。

# 老爷车的新生

# 驶入《富春山居图》

唯一对我们不满的是村中动物们，为了驱走悠闲散漫惯了的牛、羊、鸡、鸭，我们一边鸣笛，一边缓慢行进，这花了我们不少的精力。

在那些生活中你不得不做的无聊事里，高速行车无疑首当其冲，特别是在像杭甬高速这样状况良好，景观却有些单调的高速道路上行驶，就更是让你心生厌倦。平坦宽阔的道路蜿蜒向前，两旁掠过千篇一律的田野、林木、村庄；路上极少有让你眼前一亮的车型，只有不甘寂寞的大货车偶尔闯入快车道，展露一下它们并不迷人的身姿。距离此行终点还有上百公里，而无处不在的警示标示与测速探头早早就消磨掉了你最后一丝驾驶的乐趣……这绝对是令人郁闷的旅行，好在，我们还有一点不一样的动力。

此刻，我们正驾驶着一辆混合动力的沃尔沃S60在高速上飞奔，打算追上一队年齿已高的古董汽车。准确地说，我们的目标是一辆1948年出产的克莱斯勒“城市与乡村”（Chrysler Town & Country）。半小时之前，这辆拥有独特木质车身的汽车，与一批同样经历岁月洗礼的老车一道，由位于安亭的上海汽车博物馆启程，踏上了前往浙江千岛湖的漫漫拉力之旅。

## 向都市历史致敬

前一天，忙碌的周五，我抵达上海展览中心。这座米黄色的历史建筑位于延安高架北侧，以浓墨重彩的苏联式古典主义建筑风格著称。展馆北侧的小广场，车队蓄势待发。强烈的阳光将高处古典柱式的轮廓投射在地面上，光影斑驳间，有序排列着等待启程的车辆。敞篷的保时捷、硬顶的MG、气场强大的奔驰与劳斯莱斯，老车与新车，驾驶员、领航员、工作人员、媒体……车与人挤满了这个被建筑与围墙隔出的狭小广场，一种夹杂着忙碌、热情与期待的氛围弥漫在空中，急于出发的焦躁感随着时间的推移在一点点增长。

终于，出发的时刻到来了。下午一点半，发车仪式启动，在记者们长枪短炮的注视下，选手们驾驶车辆由发车点一一驶过，结队前往下一个目的地：位于上海安亭的上海汽车博物馆博览公园。在秋天明丽的阳光照耀下，镌刻着岁月痕迹的老车姿态迷人，而车身下轰鸣的发动机，似乎早已按捺不住激动之情。车队由展览中心的正门缓缓驶出，经铜仁路向北折向静安寺。许多参赛者也许并不知道，他们刚刚离开的上海展览中心，正位于当年上海最有名的私家花园——哈同花园——的遗址之上。他们前方的南京西路静安寺，则是1908年上海第一条电车线路的起点。一列古董汽车，缓缓行驶在如此富有纪念意义的道路上，难免令人浮想联翩。

遗憾的是，这趟抒发思古幽情的巡游并不完美。整齐的车队很快被上海周末拥堵的交通吞没。我们左冲右

上海汽车博物馆
Shanghai Auto Museum
06

突，好不容易才追上了一部分车辆。在复古风格的武宁路桥上，我们撞见一辆黑色奔驰190。这辆1958年出品的老车跟我们一样刚刚杀出市中心车流的重围，正向西前进。透过弧度优美的左侧窗，我能看见那个戴着墨镜，不苟言笑的司机。这是一辆平日在上海街头绝难看到的右舵车。几分钟后，它跟我们一道停在了红灯前，这在并排停靠的公交车上引发了一阵小小的骚动，乘客们纷纷掏出手机拍车。此情此景让我想起碧姬·芭铎第一次在戛纳亮相时的情景。大美人乘坐一叶轻舟准备在码头登岸，结果被岸边停靠着的一艘美国登陆舰上的水兵发现了，涌向一侧船舷的美国人差点造成军舰倾覆……

红灯变为绿灯，我们眼看着奔驰被车流裹挟而去，一会儿就不见了踪影。这让我们最后的几许怀旧感烟消云散，且向安亭行进吧。

## 高速公路上的巡礼

真正的行程从周六开始。伴随着朝阳，在博览广场上静静等待了一夜的老车们重新恢复了生机。不知道这一晚，它们跟一墙之隔的上海汽车博物馆内的同侪们有过什么交流。

相比能够潇洒上路的它们，那些只能静静停靠在展台上的古董车难免要感慨髀肉复生吧。对了，这些馆藏车中也有一个幸运儿，这就是我们此行的同伴，那辆克莱斯勒“城市与乡村”。虽然跟它相识已经一年半之久，但能在展馆之外见到它的机会实在少之又少。按照计划，我们比它晚了近三十分钟出发，这也是让我们在高速上全力追赶的原因。

虽然是周末，但高速上车流如织，这让我们的行程多了许多惊喜。在嘉兴附近，我们邂逅了老朋友奔驰190，并且相伴而行了一阵子，这让我有机会仔细打量它优雅的外形。这种由奔驰180进化而来的经典座驾，因为其圆润的造型有着“浮筒”（Ponton）的绰号。尽管在今天看来它的造型古色古香，当年却是品牌最时髦而畅销的型号。正是从这一代车型开始，奔驰车摆脱了大翼子板、折叠式发动机盖和外挂式车灯等战前车的元素，逐步形成了现代化的三厢轿车风格。

不久之后，一款奔驰230SL追上了我们，它的车窗前悬挂着马里奥玩偶，大眼车灯上甚至还装饰了“睫毛”。正当我们对此表示惊奇之际，一辆敞篷的红色保时捷356 1600 Speedster以不可思议的速度超越了我们，我甚至来不及欣赏它精致的整体式曲面造型。一辆沃尔沃在高速上被保时捷秒

杀并不令人尴尬，但如果超越你的那辆车产于1956年，也许就不一样了。此外，我记得那个年代祖芬豪森出品的356车型没有配备安全带……好吧，这不重要，那辆保时捷早已踪迹全无，而新的惊喜接踵而至。另一辆保时捷——1989年产的911——与1964年产的兰博基尼350GT赶了上来，它们老当益壮的样子令人印象深刻。

相比这些本就以速度著称的古董超跑，一辆老款甲壳虫让我们产生了更大的挫败感。当时我们刚得知克莱斯勒出了点岔子，它那漂亮的轮毂盖任性地弹了出去，掉落在高速公路之上。寻回这件宝贝花了不少的时间，这让它意外地落在了我们后面。失去目标的我们在高速上继续向前，一辆黄色甲壳虫跃入我们的眼帘。百无聊赖的我们尝试追上它，却不想这不羁的精灵远比我们想象的要强大。

它袖珍的身形在茫茫车海中任意穿行，在跟我们强大的2.0T发动机比拼速度时丝毫不落下风。跟它的保时捷“表亲”一样（从某种程度上说，它们多少还有着点“血缘”关系），这小东西让追赶的我们吃尽了苦头，颜面扫地。

## 驶入《富春山居图》

公元1347年，画家黄公望以自己钟情的富春江为题材，开始绘制自己毕生最重要的作品——《富春山居图》。在长达数年的创作过程中，画家以长卷的形式，描绘出富春江两岸初秋的秀丽景色。浩渺连绵的江南山水，无数的峰峦叠翠、

松石挺秀、云山烟树、沙汀村舍，被画家一一收入图中，传流后世。富春江沿岸的动人美景，由此名动天下。眼下，我们正驾驶着古董车，穿行于这一派如画美景中。

午餐过后，车队由中式风格的富春山居度假酒店出发，穿过一片青翠的竹林，踏上前往千岛湖的路途。我们也终于

有机会与克莱斯勒亲密接触。这款旅行车产于二战结束后不久的美国，即便在一堆古董汽车中也显得颇为不同。它独特的钢木混合车身，两天来不断引发观者的兴趣，而此时此刻，它正稳稳地行驶着，一如数十年前，它刚刚被生产出来时的样子。

克莱斯勒“城市与乡村”的历史可以追溯到20世纪30年代。在那个两次大战之间的繁华年代，一种全新的生活方式在美欧国家大行其道——居住在田园，生活在都市。这一生活潮流，很大程度上要归功于城乡公路网的建成及汽车的发展普及。为了满足人们驾驶汽车旅行的需求，许多车商在原有汽车底盘上加装大型车身，这就是风光一时的“旅行房车”（Station Wagon）。克莱斯勒“城市与乡村”，其实就是一款设计于1941年的典型旅行房车，只是由于大战爆发，让它的流行推迟了数年，直到1946年才开始恢复生产。在当年，许多美国家庭就是驾驶着这样的旅行车，穿梭于城市与田园之间，享受着新的生活方式。

我们从高速驶出，踏上下一段旅程。天近黄昏，红日西斜，克莱斯勒逐水而行。车队从满目葱茏的林荫道上驶过，车窗外是层峦叠嶂，湖面波光粼粼，格外诱人。根据路书，

汽车盘旋进入山路。这是一段精准计时赛段，车辆必须在规定的时间内驶完一段固定赛道，太快或太慢都会被扣分。十几分钟之后，我们发现已置身于淳安的险峻山岭之间。这里人烟稀少，山道崎岖，扑面而来的翠色，连续不断的弯路，让人应接不暇。伴随着紧张刺激感的是美不胜收的山景。每到山路曲折之处，我们常能望见高峡平湖的景致。在隔山相

对的峰峦间，又常常显现一些山居，点缀着周遭郁郁苍苍的环境。身形巨大的克莱斯勒努力跋涉，发动机在轰鸣着。我猜想它当初未必是为如此艰难的旅途所设计的，然而对一款以旅行为名的汽车，踏过艰难险阻，寻觅悠然胜景，不正是最大的价值体现吗？只不过时隔半个多世纪，它居然还能跨越万里海天，在中国重续揽胜之路，这倒是意外之喜了。

第三天是周日，古董车们探访了千岛湖的山水深处。沿着窄窄的道路，车队从溪流与峡谷间穿过，沿途是连绵不绝的山峰与星罗棋布的村落、水坝与桥梁。村中居民们友好地向车队打着招呼，这批造型老派的汽车一定勾起了他们极大的好奇心。也许，这匆匆而过的车队会点燃起孩子们对汽车，特别是古董车最初的热爱。毕竟，它们跟那些每天驶过村前的现代汽车迥然不同。唯一对我们不满的是村中动物们，为了驱走悠闲散漫惯了的牛、羊、鸡、鸭，我们一边鸣笛，一边缓慢行进，这花了我们不少的精力。我想起一幅20世纪初期的漫画——那是汽车刚刚起步的阶段，城里追求时髦的司机驾驶汽车从村子里经过，车后是满地的谷物和四仰八叉的鸡鸭……都是汽车闯的祸。

说来有趣，时间过去了一百年，今天人们依然喜欢驾驶汽车在城市与乡村间穿梭。也许在青山翠谷间驰骋是人们内心深处的渴求，所不同的是，汽车的出现让这种需求变得简单自如，触手可

及。此时此刻，我们的车正行进在水云深处，时空穿越的潇洒感与纵情山水的自由情绪萦绕不去。一种想法油然而发：如果有机会，你不妨试试驾驶古董汽车圆你的田园梦想，要知道，那又是一番更加不同的体验。

# 绝世遗存

杜邦与恩佐就维修一事发生了争执，一怒之下把车丢给了法拉利，拒付维修费用。杜邦并不是第一个抱怨法拉利维修条款的客户，不过这辆车的命运却就此发生了转折。



首批 Ami 6 所使用的面板太薄，很容易产生凹陷。1961 年巴黎车展上，竞争对手派了一群人高马大的小伙子前往雪铁龙展台，随意地靠在参展的 Ami 6 车型上。结果每天车展结束时，这些车都会因为出现凹陷被更换掉。车展过后不久，该车型的车身面板就得到了改进。

138 | 玛莎拉蒂A6G/54：扎加托的精灵

一辆杜卡迪摩托车，追随着我行驶了好几英里。每次遇到红灯都会停在我旁边，细致入微地打量我驾驶的玛莎拉蒂。当然，我也会打量他的杜卡迪，因为这样的相遇在英国道路发生的概率可不高。

156 | 菲亚特Supersonic：与车展女王相守五十五载

警察总是把我拦下来，并不是因为我开得太快，而是因为他们想近距离观看和了解这部车。

# 蓝调双雄
# 500 Mondial
# 法拉利

杜邦与恩佐就维修一事发生了争执，一怒之下把车丢给了法拉利，拒付维修费用。杜邦并不是第一个抱怨法拉利维修条款的客户，不过这辆车的命运却就此发生了转折。

法拉利500 Mondial
蓝调双雄

1919年，当时还在开赛车的恩佐·法拉利试驾了动力惊人的帕卡德V12，然后信誓旦旦地表示："从那一刻起，我就决定委身'嫁'给12缸发动机，永不抛弃它。"要是看看他此后的言行，我们真该替12缸发动机惋惜，它本应该跟恩佐签个"婚前协议"的。

因为自从战后恩佐重新投身赛车事业起，就毅然决然地背弃了这段“姻缘”：他驾驶的汽车战前就在使用的各种配置都在，唯独改变了发动机……

你怎么能相信一个意大利人的话呢，更别说他还是个赛车手——只要对比赛有利，什么都可以不管不顾。把动力视为至上原则的法拉利，才不会因为多愁善感瞻前顾后，失去提升哪怕几马力的机会。

## 平民英雄，后来居上

如果说V12发动机是出身不凡的贵族骑士，那么顶替它的是不起眼的四缸发动机，堪称平民英雄。1951年，由工程师奥雷里奥·兰普瑞迪打造的四缸发动机投入使用。这款新发动机与他此前设计的V12有异曲同工之妙，使用DOHC技术、双火花塞和双顶置凸轮轴，搭载在充满异国风情、固定头盖的整体式气缸座上。对2升和2.5

升两种车型的试驾堪称完美——从点火开始，体验绝佳，完全实现了其最初的设想。与他此前设计的2.0升V12发动机相比，兰普瑞迪的2升发动机将动力与重量比值提升了28%，活动件惊人地减少了65%。正是这一杰作，最终成就了法拉利在20世纪50年代的辉煌。

1951年9月举行的意大利巴里大奖赛上，由皮耶罗·塔鲁菲驾驶的2.5升法拉利四缸赛车开始了它的首场比赛，最终获得第三名的佳绩。1952年举行的F2大奖赛中，2升版本发动机叱咤赛场，上了年纪却依然优雅的恩佐全程笑傲赛场，

最终得胜凯旋。

接下去的两个赛季里，法拉利500四缸赛车赢得了15场分站赛中的14场，车手阿尔贝托·阿斯卡里和恩佐连续获得多个赛事的总冠军。这只是法拉利赛道辉煌的起点，然而局面却令人啼笑皆非——一台普普通通的四缸发动机，性能几乎等同于尊贵精密的V12，还抢走了本该属于后者的种种殊荣。

为了纪念接连获得的一系列荣誉，法拉利把这种装备四

505
NMD 452

505

缸发动机的2升车型最终定型，命名为500 Mondial，它被视为可与玛莎拉蒂2升运动车型相匹敌的产品。而500 Mondial也确实不辱使命，充满绅士风度的业余车手维托利奥·马尔佐托驾驶该车在1954年春季的千英里耐力赛（Mille Miglia）中夺得亚军，这场比赛中获得冠军的是蓝旗亚D24，玛莎拉蒂A6GCS位居第三。

500 Mondial车身重量仅为1600磅（约0.73吨），最大输出功率达到160至170马力。它灵敏迅捷，曾多次征战，为法拉利赢得1954年世界超级跑车锦标赛立下了汗马功劳。

## 蓝调双雄，余韵悠然

毫无疑问，这款战绩辉煌的车型深受赛车手们的青睐，比如在本文中展现的这两款。它们身披法国蓝（French racing blue）涂装，从颜色上我们就可以看出，两辆车竞赛生涯的开端与法国有着很深的渊源。其中，底盘编号为0452 MD的这辆，是宾尼法利纳公司打造的两辆Mondial作品之一。1954年，法国拉力车赛名家莱昂・库利伯夫、领航员罗伯特・奥迈特驾驶着它参加了当年的环法汽车赛。遗憾的是，该车由于各种原因没能完赛。不过此后它连续参加了几次千英里耐力赛，最好名次是1957年的59名。还有记录显示，曾在1947年罗马大奖赛中为法拉利赢得史上第一次胜利的知名赛车手弗朗科・哥地斯，也曾驾驶着它参加了1955年的弗洛里奥奖牌大赛（Targa Florio）。

1957年千英里耐力赛结束后不久，0452被卖至美国，后被个人收藏。它经过数次修复，也参加过各种古董车赛会，直到1988年才由于机缘巧合重回欧洲。从那时起，人们又可以在各种欧洲古董车活动中看到它的身影。它的外形堪称绝代风华，几乎看不出上次修复是在三十年之前。法国蓝的色调与鞣制皮革座椅完美匹配，相得益彰。

进入驾驶座，我们惊叹于脚下的手工地垫有多精致，不过它最初可能只是为了降低车内的噪音。你不会想到这款硬顶车行驶起来噪音有多大。据说很多专家怀疑，它当初之所以没能在环法汽车赛上完赛，就是因为驾驶者库利伯夫没能听清领航员的喊声：“U形弯道！注意U形弯道！”

对了，在我看来另一个让库利伯夫铩羽而归的原因可能是该车滚烫的且换挡极为艰涩的变速器。如此棘手的变速器真是闻所未闻，更不要说同样暴躁不安的离合器，令普通人使用起来颇为困难。让人窘迫的是，同样是这台车，同样是这款离合器，由修复该车的GPS Classic公司的工程师操纵起

来，居然得心应手。

好吧，我承认至少这车在20世纪50年代的赛场上还是英姿飒爽的。

跟硬顶版比起来，另一款敞篷500 Mondial要容易相处得多。这台底盘编号为 0564 MD的敞篷赛车几乎可以被确认是1955年制造的，因为那一年，相当部分的Mondials采用了椭圆而非圆形框架，用螺旋弹簧代替了横向板簧，变速器设计从四挡改为五挡。

0564最初的生命轨迹相当精彩。1955年5月，它在法国车主伊夫·杜邦的驾驶下初次亮相，参加了蔚蓝海岸伊埃雷12小时拉力赛。三个月后，哈瑞·希尔驾驶它在伊莫拉赛道取得了第三名的好成绩。不过在1955年8月的列日拉力赛上，0564因发生侧面刮擦而冲出赛道，被送厂返修。后来发生的事出人意料，杜邦与恩佐就维修一事发生了争执，一怒之下把车

法拉利500 Mondial
蓝调双雄

Ferrari
WEBER
WEBER

pininfarina

丢给了法拉利，并拒付维修费用。我们知道，杜邦并不是第一个抱怨法拉利维修条款的客户，不过0564的命运却就此发生了转折。

法拉利最终放弃了这辆车，往它法国蓝的车身上简单喷了一层意大利红“外衣”，把它送到了Autodromo Monza博物馆。它在博物馆待了二十年之久，直到法国收藏家让-弗朗索瓦·杜·蒙特将它收入囊中，后者不仅支付了最初的修理费用，还加上一笔不菲的长达二十年的保管费。

2008年，在参加了一系列古董车拉力赛与优雅竞赛之后，0564被送到GPS公司进行全面修复。当内层的蓝色车漆

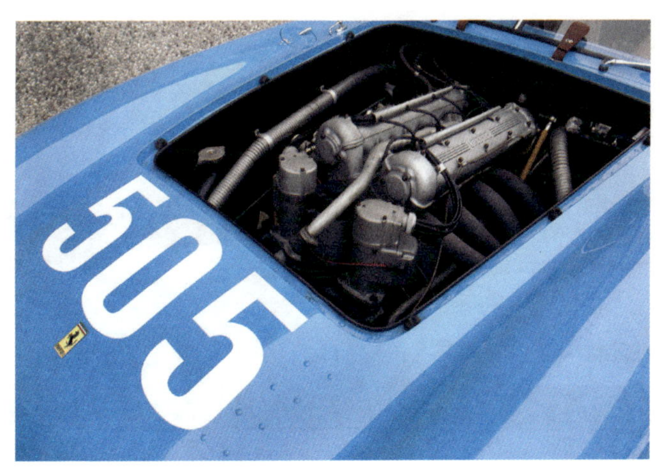

突然从红色外表下显露出来时，工程师们意识到一些有趣的事情发生了。很快，关于本车独一无二的法国背景，以及当初车辆手工打造的细节被一一揭开，重新展露在世人面前。

工程师决定只恢复本车的机械部件，并在原始的蓝色涂装上刷上一层透明保护漆。在新车主凯文·伍德的精心呵护下，这辆车至今依旧保持着这种状态。2013的伦敦古董车展上，它泰然自若地停泊在一众豪车中，其经历岁月洗礼的车身低调、古朴、优雅。

我受邀可以驾驶着这辆敞篷Mondial兜上一圈。启动兰普瑞迪精妙的2升发动机，古典式运动气质呼之欲出。这一

次，我的后脑勺再不会有金属车顶传来的吵闹声音。

换挡干脆利落，富有韵律感；方向盘轻便灵敏；驾驶空间简洁紧凑。虽然试驾时间不长，但我能感受到车辆潜力非凡，拥有跑车应具备的所有品质——活跃、灵动、稳定。从四面八方传来的啸声令人愉悦，这声音无时无刻不在提醒你：你驾驶的是一款真正的赛车，绝非那些随时可见的街头二手改装车。

确实，当你驾驶它的时候，你一定会原谅恩佐对V12的薄情。毕竟，要赢得荣誉，只需要一款精湛的四缸发动机足矣。

# 雪铁龙 Ami 6 不优雅却优秀

首批 Ami 6 所使用的面板太薄，很容易产生凹陷。1961 年巴黎车展上，竞争对手派了一群人高马大的小伙子前往雪铁龙展台，随意地靠在参展的 Ami 6 车型上。结果每天车展结束时，这些车都会因为出现凹陷被更换掉。车展过后不久，该车型的车身面板就得到了改进。

雪铁龙Ami 6
不优雅却优秀

据说，即使是雪铁龙Ami 6的缔造者都对它怀有矛盾的心情。用总设计师弗拉米尼奥·伯托尼（Flaminio Bertoni）本人的话来说，他的最终设计看上去“仿佛已经从三个行人身上碾过”。

## 卖相怪异

因为奇异的车身线条，这款车一度被权威人士评价为世界上最难看的车型。相比之下，争议较少的同系列旅行版车型不仅更为畅销，而且销量是它的三倍之多。可到了现如今，当我们与布鲁娜·香奈尔-奥丽芙（Bruna Chanel-Olive）一起置身于法国图卢兹的街道上时，人们纷纷称赞她这部1964年产的Ami 6看起来非常时髦。这款仪态万方的古董雪铁龙，身披充满活力的翡翠绿面漆，拥有跟其他Ami车型一样的灰白色车顶，赢得了无数路人的瞩目。

想当年，Ami 6是许多家境平常的法国老夫妻笃悠悠开去集市购物的首选座驾，如今却成了一款备受推崇的热门古董车，拥有活跃的车迷俱乐部，身价也不断攀升。其实，享有如此荣耀对这款车型来说并非首次：在从问世到停产的八年里，它一度是法国最畅销车型。

雪铁龙Ami 6
不优雅却优秀

Ami 6在车展亮相

驶出工厂的Ami 6

今天的人们很难想象，卖相如此怪异的汽车是如何诞生并取得骄人的销量的？其实，无论是从美学还是商业角度考量，这款设计都拥有独特而清晰的逻辑。

20世纪50年代末，雪铁龙生产了大量2CV车型，并进一步提升了DS和ID车型的可靠性。不过，雪铁龙的产品线中存在断层：竞争对手雷诺公司为4CV的车主提供体型更大、更加时尚的雷诺“多芬”（Renault Dauphine）作为升级产品，而雪铁龙却没有比2CV高一档的车型。为了填补空挡，雪铁龙M项目于1957年诞生，其中M代表“中档”。

这一项目将以已有的A系2CV为基础，搭载该车型发动机的升级版或潘哈德双缸发动机。而时任雪铁龙CEO的皮埃尔·贝尔科还坚持将新车型打造成三厢轿车。这些决定对新车型的设计构成了种种限制——毕竟要在2CV轴距仅2.4米的底盘之上构建一款优雅的新轿车是不小的挑战。

伯托尼的解决方案是反向倾斜的后柱，这样就可以加长车顶，使驾驶舱显得更长。

这个设计借鉴了他在1955年都灵车展上看到的菲亚特

600。一张现存的草图显示伯托尼一度设计了全景后窗，不过实现该设计成本高昂，还会增加车重，所以他最终采用了价格低廉的嵌板，打造出线条分明，相当引人注目的车顶后端。与之相对的，则是Ami别具一格的波浪形发动机罩。

结构工程师们也面临着挑战：新车型的基本部件与2CV相同，却比它重了不少，他们必须尽量确保其性能。对策之一是将空气冷却双缸发动机的排量从425立方厘米提高到602立方厘米，相应地功率也会从12马力提高到22马力。除此之外，减轻重量是唯一的出路。

车辆采用染色玻璃纤维车顶，拥有可滑动前窗和固定后

L'AMI 6:
VOTRE
AMIE
Depuis longtemps, Madame, vous souhaitiez une voiture qui soit faite vraiment pour vous : élégante et pratique, confortable et « compacte », nerveuse et économique. Vos désirs, vous le savez bien, sont des ordres et c'est pourquoi l'AMI 6, conçue pour vous, sera la plus fidèle et la plus sûre de vos amies, pour votre travail comme pour vos loisirs, dans les embouteillages des villes comme sur les chemins de l'été.
Et, en choisissant l'AMI 6 parce qu'elle concilie vos goûts et vos exigences, vous choisirez aussi la raison, car elle porte le « double chevron » de Citroën, la marque qui s'est imposée au premier rang de la construction automobile française. En femme moderne et avisée, vous ferez vous aussi confiance à votre AMI 6, la voiture de la femme d'aujourd'hui.

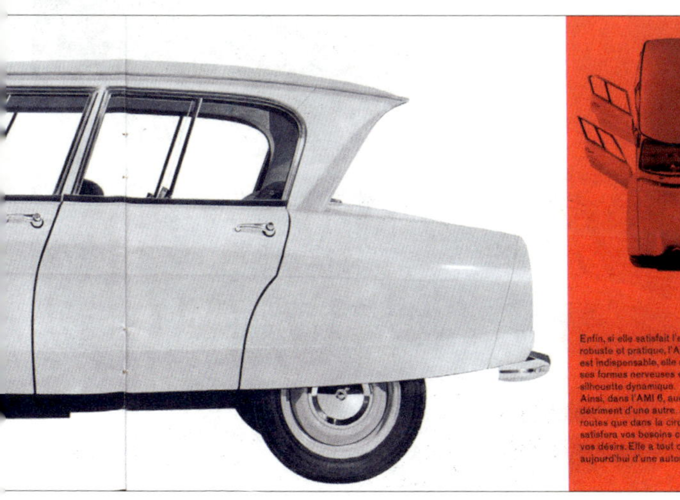

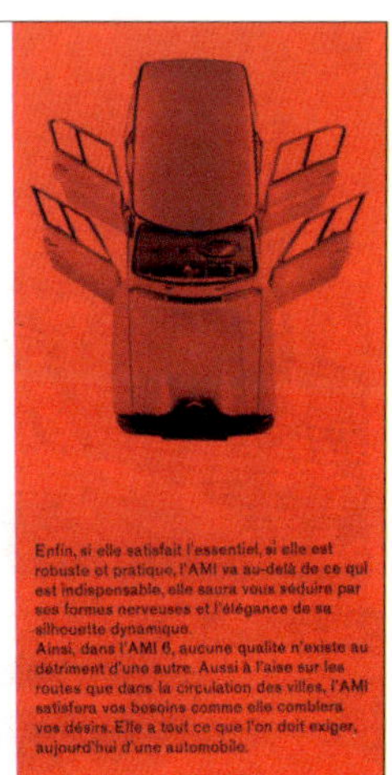
Enfin, si elle satisfait l'essentiel, si elle est robuste et pratique, l'AMI va au-delà de ce qui est indispensable, elle saura vous séduire par ses formes nerveuses et l'élégance de sa silhouette dynamique.
Ainsi, dans l'AMI 6, aucune qualité n'existe au détriment d'une autre. Aussi à l'aise sur les routes que dans la circulation des villes, l'AMI satisfera vos besoins comme elle comblera vos désirs. Elle a tout ce que l'on doit exiger, aujourd'hui d'une automobile.

28 AZC 31

窗，以及铝质窗框和金属件。通过尽可能简化内饰和使用较薄的面板，车辆自重被控制在0.65吨左右，这个最终成绩相当优秀。事实上，工程师们对自己的目标有些过于执着了，首批Ami 6所使用的面板太薄，很容易产生凹陷。在1961年的巴黎车展上，竞争对手派了一群人高马大的小伙子前往雪铁龙展台，随意地靠在参展的Ami 6车型上。结果每天车展结束时，这些车都会因为出现凹陷被更换。车展过后不久，该车型的车身面板就得到了改进。

全新Ami车型于1961年4月发布，之后基本没有做出大的改动，直到1969年换代车型Ami 8问世。其间车辆的改进包括：固定后窗于1961年11月被滑动车窗取代、发动机功率分三个阶段达到了35马力，1967年采用了沉稳的黑色仪表板和黑色细节设计。此外，该车系还推出了更加奢华的Club版。

## 风靡一时

1965年，该车型的旅行版问世并风靡一时，由此改变了销售结构。几年里，Ami车型的产量不断提升，但轿车产量却随着用户需求的改变不断下降。到了停产前一年的1968年，Ami的轿车产量仅有26632部，而该阶段Ami 6车型的总产量

28 AZC 31

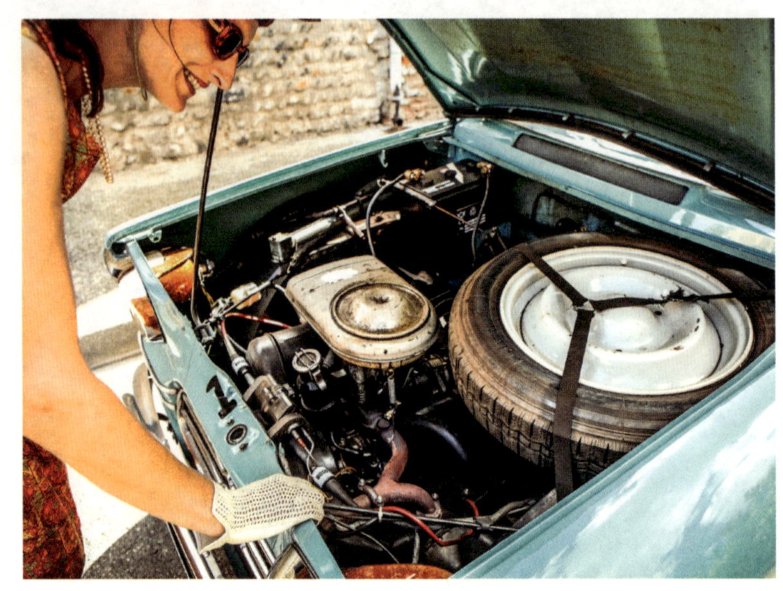

是145101部。人们购买旅行版的原因是它更加符合大众的审美，而且承载能力更强。

虽然当年的消费者做出了自己的选择，但如今，曾让Ami 6饱受诟病的独特个性反倒让它大受追捧，虽然人们对于下面这个问题依然心存疑虑：微型车2CV的外观升级之后，就足以胜任中型轿车的角色了吗？ 对于这种疑问，这辆1964年Ami 6的车主香奈尔-奥丽芙很不以为然。“它与其说是2CV的升级版，不如说是一款完全独立的车型。”与这部她心爱的座驾共度一天后，你会倾向于同意她的观点。的确，Ami与2CV相去甚远，对手头不宽裕的人来说，它是比DS性价比更高的选择。

为了向雪铁龙致敬，Ami 6采用了双色面漆和单辐方向盘。让人吃惊的是，尽管面漆看上去和2CV一样漫不经心，Ami的内部却非常令人惬意。乍看之下，车内有很多裸露在外的金属件，包括用来固定车顶的管状侧梁；1962至1966年间生产的车辆车顶内衬仿佛一块薄布；此外车内也没有地垫，除了后来的Club版。不过，带有装饰按钮的车门衬垫

饰有扶手，柔软的座椅覆盖着图案美观的椅套，灰色仪表板尽管是用裸露的螺丝固定，却因为带有浮雕图案的铝质开关面板而增色不少，那里甚至还放置了一个大小正合适的烟灰缸。

由于备用轮胎放置于发动机罩下方，车辆巨大的行李箱看起来更加宽敞。充足的行李空间让Ami成为实用的家庭交通工具，不过代价是后排座椅的腿部空间仅能让人勉强接受。考虑到最早的Ami 6车型较为脆弱，你会惊喜地发现车门关闭时不会发出金属撞击声，而是精密的咔嗒声。此外，车辆的滑动玻璃推拉顺畅，坚固的合金固定器也令选择它竞争对手的人艳羡。不难想象，Ami在道路上的表现与2CV非常

雪铁龙Ami 6
不优雅却优秀

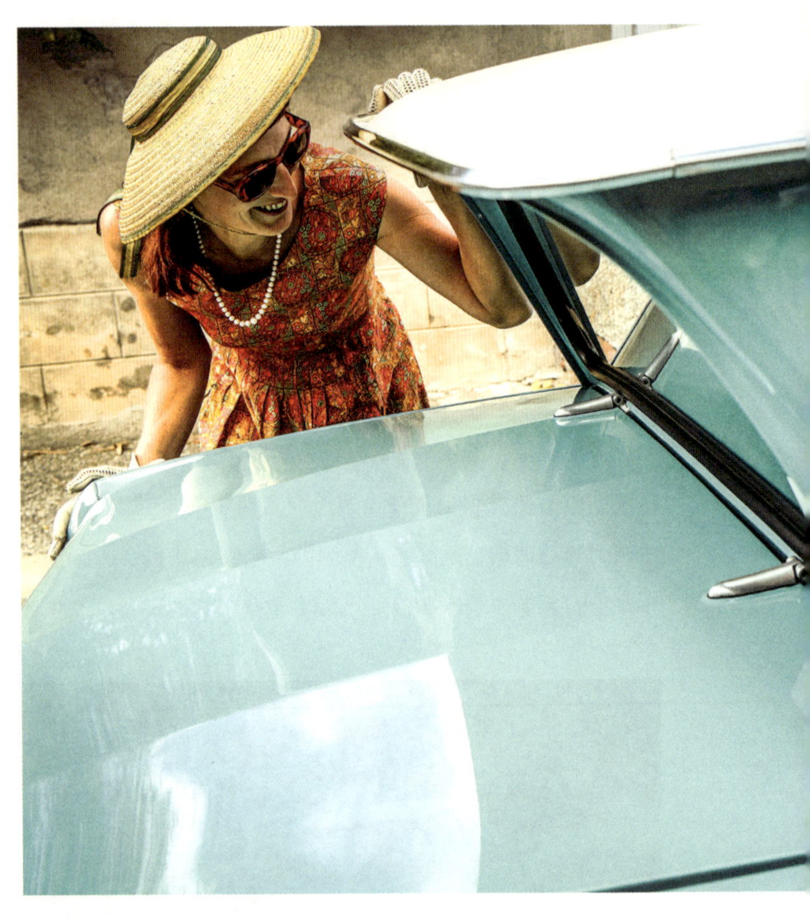

相似。它传承了2CV的连通式螺旋弹簧悬挂，只是从1963年起用液压减震器取代了摩擦减震器。这意味着Ami可以从容不迫地前进，不过牺牲了转弯时激动人心的倾斜度。借助水平装置的大尺寸方向盘，车辆可以实现直接而轻快的转向；

鼓形制动器更令驾驶者信心满满。

就行驶而言，Ami在平地上可轻松保持45英里（72.4公里）的时速，积攒足够动力之后还能以50英里（80.5公里）的时速巡行。当车辆置身于向下的斜坡，水平对置双缸发动机只需很小的油门开度就能顺畅运转，而且非常安静，只有高速运行时才能听到它的声响。

夜幕即将降临，也到了我们跟这款绿色Ami 6告别的时刻了。不知不觉中，我们跟它度过了完美的一天。总体而言，这是一款低功率车型，但只要驾驶者了解路况就不难驾驭。如果车上坐有四个人并装满行李，对它来说可能有些挑战；不过只有两个人的话，它便可以游刃有余，给人感觉轻便而不脆弱，着实难能可贵。遥想当年，这款车让雪铁龙扬眉吐气、大显身手，看来不是没有原因的。毋庸置疑的是，雪铁龙在打造该车型的过程中所展现出来的独创性，值得我们尊敬。

# 扎加托的精灵
# A6G/54
# 玛莎拉蒂

一辆杜卡迪摩托车，追随着我行驶了好几英里。每次遇到红灯都会停在我旁边，细致入微地打量我驾驶的玛莎拉蒂。当然，我也会打量他的杜卡迪，因为这样的相遇在英国道路发生的概率可不高。

玛莎拉蒂A6G/54
扎加托的精灵

每座城市的地下私人停车场里总会静静停泊着若干神秘汽车，这些尤物平日秘不示人，一旦现身却会让懂行的车迷目眩神迷。不过我相信，这些“宝贝”中的大多数无法与我眼前这辆产于20世纪50年代早期的玛莎拉蒂轿跑车相媲美。我们的电梯一路下行，打开门的一刹那，一辆精致的银灰色扎加托（Zagato）式汽车跃入眼帘。在一众当代汽车的映衬下，它是如此耀眼。即使是安静停泊在灯光闪烁的停车场深处，也无法掩饰它与众不同的血统。圆润、流畅、紧凑的外形让它鹤立鸡群，仿佛是一位众人簇拥下的超级名模。要不

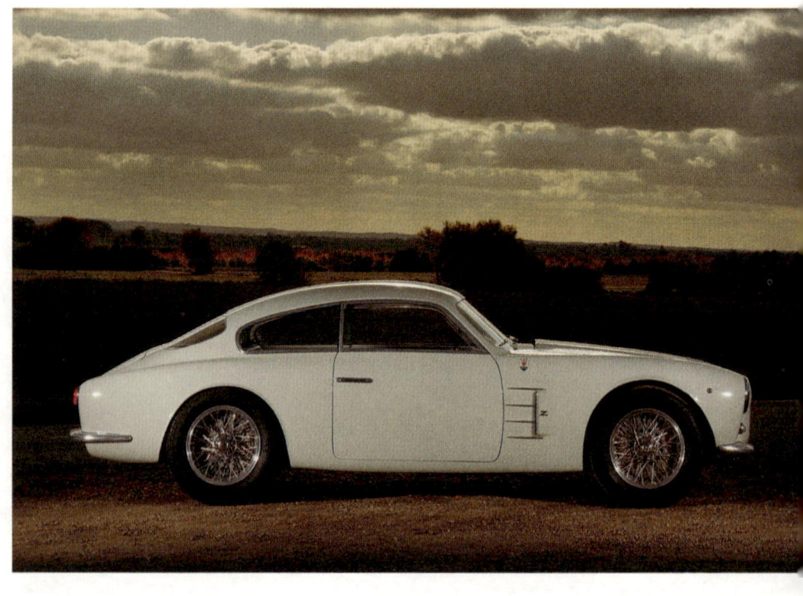

是精致的手工铝质车身周围没有用围栏保护起来，我们难免要产生这样的联想——这辆珍贵的1954 年款GT车原本应该陈列在河对岸的泰特当代艺术馆才对。

## 来自意大利的珍宝

这里我们需要略略介绍“扎加托”这个专有名词。米兰城维尔·阿雷塞（Via Arese）地区的乌戈·扎加托（Ugo Zagato）设计室一向享有盛誉，那里的艺术家团队对汽车的纯正外形有着独特的视角。可以说，正是这批人确立了20世纪50年代早期轿跑车的经典外观。由扎加托负责打造车身的20辆玛莎拉蒂A6G/54，每辆车都堪称独一无二，每一辆车的细节和装饰都在前一辆的基础上有所改进。其中，底盘号为2121的轿跑车以“双层泡沫车顶”为特征。

“伟大的设计并不是为了打造出一辆外形出众的汽车，”扎加托工作室曾如是坦言，“而是让汽车更快、更智能。”毋庸置疑，在随后的岁月中，由于意大利设计工作室风起云涌，名家辈出，扎加托团队逐渐失去了“豪华跑车生产商”的霸主地位，但至少在20世纪50年代早期，意大利的绅士车手们还是会首选由他们打造车身的跑车。竞争对手费鲁瓦（Frua）与阿利马诺（Allemano）分别在1954年和1957年推出了升级版2升轿跑车，但他们所生产的40辆汽车没有一辆能够跟扎加托迷人的掀背式车身设计相媲美。

值得一提的是，我眼前这款搭载了双凸轮轴和直列式六缸发动机的玛莎拉蒂，也是目前英伦三岛唯一的一辆2000GT（A6G/2000 Gran Turismo，这是当时的玛莎拉蒂用户手册上使用的正式名字，而非我们更习惯的名字A6G/54），堪称瑰宝。这一次，车主慷慨地委托我将这辆车从伦敦运送至玛莎拉蒂专家斯蒂文·哈特处进行年度保养。实际上，也没有什么更好的场地能比宁静的地下停车场更适合发动一辆功率高达160马力的汽车了。我旋转钥匙并按下按钮，汽车的心脏开始跳动。伴随着低沉的轰鸣声，这辆车重新焕发了生机。狂野的咆

玛莎拉蒂A6G/54
扎加托的精灵

哮声在混凝土空间内回荡，闭上眼睛，给人一种在蒙扎赛道的P房里发动玛莎拉蒂250F的错觉。发动机预热完毕，我调转车头，面向前方的斜坡，挂一挡准备通过。在狭窄的通道内，发动机的轰鸣更加浑厚。

不久之后我便加入了周日晚高峰的车流中。玛莎拉蒂炫酷的外观立刻吸引了围观者的目光，尤其是一辆杜卡迪摩托车，追随着我行驶了好几英里，每次遇到红灯，驾驶员都会

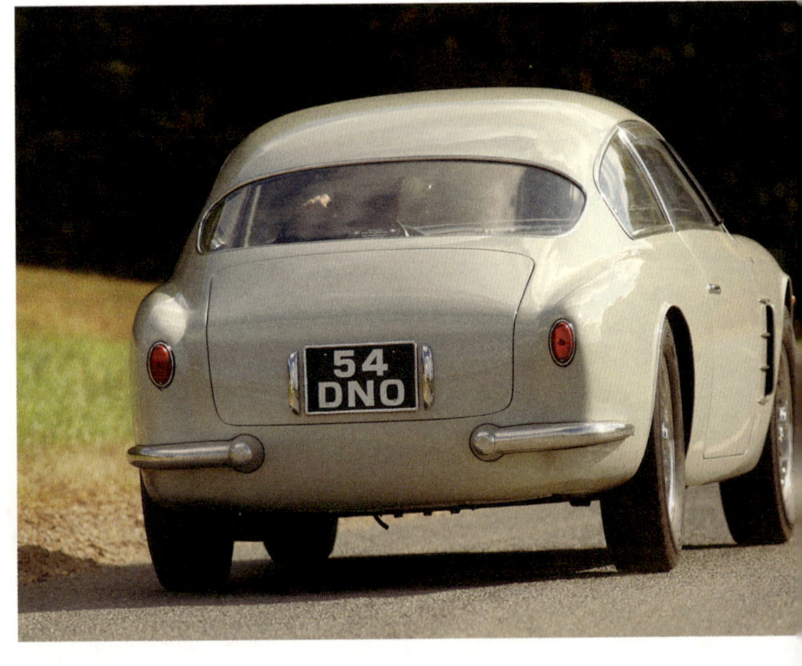

停在我旁边，细致入微地打量我驾驶的玛莎拉蒂。当然，我也会打量他的杜卡迪，因为这样的相遇在英国道路发生的概率可不高。即便是在20世纪50年代，玛莎拉蒂高级跑车也只在意大利销售，富有的车主还要驾驶着它们跟来自蓝旗亚、菲亚特及阿尔法·罗密欧的GT车一争高下。

在空旷无人的双车道公路上，A6G/54重新焕发了生机。变速箱搭载着造型夸张的合金控制杆，给人以无限愉悦的机械操控感。随着速度的提升，沉重的方向盘变得轻柔起来。由六挡提供的强劲平稳的动力，丝毫没有影响方向盘在转向时的手感，适中的触感足称完美，移动自如。即使在我将转速始终维持在5000左右——此时的发动机从低沉的嗡嗡声转成了巨大的轰鸣音——底盘依然稳若磐石。

事实证明，这台玛莎拉蒂并非虚张声势，它所能达到的速度正如它的轰鸣声一样，卓越的动力和重量比使它能够在时速80英里（128.7公里）时仍可挑战众多掀背式小钢炮。当然，它简洁的真皮座椅并不会给车手身体太多的支撑，然而较低的轮廓线能够为车手提供更宽广的道路视野，这都是时代的特征。我唯一的担心就是伦敦的道路崎岖而颠簸，而A6G/54并没有车外后视镜可以观察汽车悬挂系统的情况。

## 一辆名车的前世今生

毫无疑问，A6G/54是我家曾接纳过的最贵重的汽车。为了能顺利行驶，我特地赶在第二天的早高峰之前启程。可以预见的是，出发前的准备工作吵到了邻居们，可能会令他们相当不愉快。我选择了北环道路，而不是M25那条路况糟糕的公路。

当天黎明前的黑暗让我又有了在参加千英里耐力赛的感觉。除了坑坑洼洼的路面，整个驾驶过程还是非常舒适的。在通过弯道时汽车也基本不会偏离。

驾驶着这一代表着无上光荣的动力机器，我感到了满满的自信。但是也出现了令人不安的小插曲——随着清晨的阳光洒满整个极简主义风格（或者该称之为斯巴达式）座舱，我注意到油压指示表的指针在有规律地上下波动，后来我才得知这是由安全阀引起的虚惊。A6G/54的座舱略显紧凑，但其内部装备却比最具竞争力的法拉利还要齐全。

车辆中控台上拥有经典的三辐纳迪（Nardi）方向盘，

摄于 1958 年的玛莎拉蒂 A6G/54

后面则搭载了设计超前的积家速度仪表与转速指示器。车门内装配有改进型铝制把手，而顶篷则采用皮革。显而易见，意大利绅士们需要的是精致、优雅的座驾。

破晓时分，我驶下了A1(M)公路，转到了熟悉的赫特福

德郡道路。在经过我最钟爱的弯道时，A6G/54又一次展示了令人惊喜的平衡性能。也许只有昏昏欲睡的野生禽鸟会被我们的动静惊扰，而我则因为即将驶上更宽阔的道路倍感轻松。令我感到庆幸的是A6G/54的制动系统非常强劲，不会有丝毫的拖拉或者卡滞，踏板也非常牢固，令人非常安心。

在达克斯福德用完早餐之后，我翻阅了一下该车的历史文件。这辆底盘号为2118的玛莎拉蒂是通过罗马销售商古列莫·米诺·德宜出售的。正是这位经销商组建了Scuderia

Centro Sud跑车车队。这辆当时装饰了象牙和蓝色主题等内饰的跑车于1956年1月被著名车手路易·穆索的兄弟朱瑟夫买下。后者并没有驾驶这辆车参加过比赛，反倒是德宜曾经在Corse Lanciato爬坡赛和其他赛事中驾驶过这辆车。第二年，2118又被转卖给了卡特·麦格·迪里金斯。迪里金斯在米兰做房产生意，同时也是玛莎拉蒂的爱好者。他同时还拥有一辆玛莎拉蒂古董车A6GCS Pinin Farina Berlinetta。

迪里金斯驾驶着这辆车参加了1957年的Coppa della Consuma比赛，不幸发生事故导致车辆受损，不得不送回工厂维修。这场比赛是在山路上进行的，因此，稍有差池就会导致严重后果。由于车头和车尾都有损坏，维修清单包括更换两个新车轮、电路系统、重建前悬挂系统、水箱，以及外观修缮，工期长达三个月。当迪里金斯最终看到账单时被高达70万里拉的费用惊呆了。此时恰逢其公司财务困难，迪里金斯不得不将汽车出售给了扎加托。此后，2118被重新编号为2189，或许是为了能够和更换的全新发动机相匹配，又或许是为了赢得下一任车主的信任，这辆车被改造成几乎全新的状态。随后，2118/2189仍被喷涂成灰色，追随着第三任车主文琴佐·欧斯，奔驰在米兰山区的赛道上，在博洛尼亚到圣卢卡的拉力赛上，它曾获得第七名的不错成绩。

随后，该车再度易手，辗转于一批居住在大西洋两岸的拉丁裔车主间。最终，这辆车回到欧洲，落入下一任德国车主的手中。这位车主非常谨慎，将汽车外观颜色恢复原状。后来，意大利人科那拉图对它进行了全面维修，帮助2118/2189成功跑完了千英里耐力赛。不久之后，英国的玛莎拉蒂爱好者们等到了好消息：这辆魅力无限的跑车被一位大不列颠收藏家购得，并在当年的古德伍德举行的国际玛莎拉蒂俱乐部大会上闪亮登场。这之后，车主时不时驾驶这辆扎加托款玛莎拉蒂前往欧洲大陆，它甚至还充当了车主在法国举办婚礼时的用车。

从这批文件里，我发现了A6G/54的另一位忠实粉丝，资深汽车运动媒体人丹尼斯·金克森。1956年，这位当年欧洲权威汽车杂志 *Motor Sport* 的知名记者致电玛莎拉蒂摩德纳工厂，为车手莫斯申请一辆跑车作为参加千英里耐力赛的练习用车，最终他如愿以偿，借到了一辆非常漂亮的扎加托A6G轿跑车，当时它已经跑完了七倍于千英里耐力赛赛程的里程数。而在移交前的试车过程中，见多识广的金克森对A6G/54轻便的操控系统，非常“有趣”的变速杆，行驶稳定性和强大动力赞赏有加。

文件里记录下了他当时的话：“我们没能感受到它性能

的极限，因为发动机的动力如此强劲，以至于你必须时刻盯着转速表，避免一不小心达到5500转的极限。”

读完了这些有趣的文件，我继续上路。尽管沿途的山丘不多，远不如千英里耐力赛途经的意大利赛道，但当年金克森记录下的翔实报告正在被我一点点体验着。A6G/54的制动系统和操控性没有任何问题，沉稳的脚感也能让人在穿过狭长空旷的道路时感受风驰电掣。它简直是完美无缺的。

当我到达哈特的工厂时，夕阳隐没在西达勒姆道路之后。一种意犹未尽感油然而生，我多希望可以在夜幕中继续前行。身处于这辆镶嵌有三叉戟标志的珍稀汽车的座舱之中，我感觉它跟其他的很多款拥有“紧凑型”驾驶舱的传奇赛车一脉相承，正是这些名动一时的轿跑车，为我们书写下汽车运动的传奇篇章。

到了离别时刻了。撇下A6G和哈特的工厂是一件令人痛苦的事情。我驾驶着自己那辆毫无灵魂的当代汽车，在路上就已经开始想念玛莎拉蒂那低沉的咆哮，还有它沉稳的变速杆所闪现的冷艳光辉。此时我正一路向南，落日的余晖横扫菲恩斯地区。

我不禁想象起如下场景：渐渐模糊的橙色车灯与A6G那圆润的、手工打造的扎加托曲线融为一体。如果说生活中还有值得赞美的事情，单单是这种梦幻感觉已经足够。

本次旅行的终点——哈特工厂

# 与车展女王相守五十五载
# Supersonic
# 菲亚特

警察总是把我拦下来，并不是因为我开得太快，而是因为他们想近距离观看和了解这辆车。

1953年，乔凡尼·萨沃努齐（Giovanni Savonuzzi）来到位于都灵的吉亚工作室担任设计总监，这成为这家意大利公司的命运转折点。当时，工作室已被原来的拥有者转售于雄心勃勃的首席工程师兼设计师路易吉·塞格雷（Luigi Segre），后者希望能为吉亚日趋保守的形象注入活力，而曾经任职于菲亚特航空部门的资深工程师萨沃努齐便是完成这个任务的最佳人选。他的个人风格融合了意大利风情和些许幻想气息，曾经参与设计了轰动一时的Cisitalia 202跑车。此外，长期服务于克莱斯勒的维吉尔·埃克斯纳（Virgil Exner）也在工作室的复兴中发挥了关键作用。

不过归根结底，这家意大利设计公司全新发展蓝图是由一款名为Supersonic的限量版流线型豪华旅行车勾勒出来的。

## “车展女王”现身

萨沃努齐在吉亚的第一项任务是为一位富有的瑞士车迷设计一款用于参加千英里耐力赛的车辆——它将搭载一款特别研发的阿尔法发动机。在参赛之前，这部独一无二的豪华旅行车现身1953年都灵车展，媒体和公众的反响非常热烈。

由此，塞格雷决定基于颇具异国情调的菲亚特Ottu Vu 2升跑车底盘，打造一款手工制造的奢华座驾——Supersonic。这一车款将拥有高腰线的车身、低矮的车顶，然后再加上充满诱惑的加长车头和车尾，简直像是特地为车展而生的梦幻车型。作为设计者，萨沃努齐在这一作品中恰到好处地融入部分了大西洋彼岸的美式风格。他摒弃了许多当时正流行一时的浮华装饰，只通过尾灯来彰显它源自喷气机时代的血统，对此，维吉尔·埃克斯纳给予高度评价。七个月后，编号为000035的8V Supersonic原型车惊艳亮相巴黎车展，被誉为“车展女王”。

埃克斯纳只会有限的意大利语，为了加快都灵工作室的发展，他开始与底特律汽车企业家保罗·法拉戈（Paul

Farago）合作，后者的业务包括一支赛车团队。在所有定制款8V车型中，只有吉亚的Supersonic拥有足够多可能获得美国客户青睐的特征，因此法拉戈考虑进口它们。而埃克斯纳也希望能对Supersonic进行细致的评估。在他的鼓励下，法拉戈买下了车展上的展示车辆，很快将其运回底特律。

在无须抛头露面出席车展的时间里，这部8V Supersonic就被停放在密歇根的一座车库之中，正是在那里，一位希腊裔的汽车工程师，保罗·拉萨罗斯（Paul Lazaros）为它的拉丁风情深深着迷。后来拉萨罗斯秘密拥有它长达55年，因此这部车被保存得极为完好。

## 厮守五十五载

拉萨罗斯是希腊移民，1928年经济大萧条的当口出生在底特律。他从小就对汽车很感兴趣，尤其是着迷于汽车设计与制造。在这种艰难时势下，出身平平的拉萨罗斯无力购买汽车："我觉得自己接近汽车的唯一途径是学一门技术，所以在20世纪40年代初去了一家机械车间，在那里学会了焊接，随后再转向喷漆和发动机制造。我始终热爱改装汽车，

除了内饰，车上的每一样东西都能靠我自己动手完成。”

他的第一部车是不花钱得到的。“我们买下一所房屋后，我在车库内发现了前任主人留下的一部1920年产斯图兹轻型

跑车以及一辆亨德森摩托车。我很快便开始修理那部斯图兹，这是了解发动机的最佳方式。后来它终于可以开了，却在倒回车库时撞到了车尾，于是我很快又学会了车身修复。”

作为一名天分过人的机械师，拉萨罗斯最终供职于一个专门的进口车车库，在那里他第一次注意到了菲亚特8V。“看到Supersonic的第一眼我就爱上了它。我从未见过有人来开，只不过查明了它的主人是工程师保罗·法拉戈，他与意大利的吉亚有着密切的联系。这部车在我的脑海中挥之不去，它最初的价格是7500美元，是一部凯迪拉克‘黄金国’的两倍。”

法拉戈于1956年迁往都灵，拉萨罗斯抓住这个机会，购入了这部他梦寐以求的车辆。“我被这部车前卫的设计给迷住了，非常乐意把时间花在这部车上。它的狭角V型发动机开口只有70度，进气道和进气口均经过抛光。从位于防火墙上方的滤油器之类的细节可以看出菲亚特的航空背景，锯齿状的连杆盖特别能显现出工程设计的巧妙，在高转速时它可以有效地对底端进行加强。冲压进气系统经过了优化，机油冷却器则是这部车辆的又一典型特征。完全独立的悬挂也是首次应用于菲亚特，内侧液压减震器为纯手工铝制。这些年我重新组装过几部8V Supersonics，所以知道它们的编号在哪些位置，而我的这部到处都标着‘1号’。1953年10月亮相巴黎车展之后，它被运往美国，在纽约车展进行展示。被法拉戈购入后，它还作为新车回顾的一部分在亨利·福特博览园展出过。”

拉萨罗斯驾驶Supersonic去过的最远的地方是尼亚加拉大瀑布，然而开着如此引人注目的车辆造访旅游胜地也会带来麻烦。他回忆道：“一到那里，车辆周围马上聚拢了一大群人，仿佛我是电影明星。我不喜欢这样的大惊小怪，没欣赏瀑布就离开了。因为其他驾驶者被这辆车独特的造型分散了注意力，它还造成了一些事故。后来我习惯在夜晚驾驶这部菲亚特，因为它在夜间不那么引人注意。我喜欢驾驶它在底特律—温莎隧道（连接美国与加拿大的跨国隧道）呼啸而过，狭长的V8发动机发出震撼人心的轰鸣，甚至守卫都会走过来听它穿越隧道的声音。Supersonic重量仅2350磅（1.06吨），看起来充满时尚气息。有些书上说法拉戈为它装了增

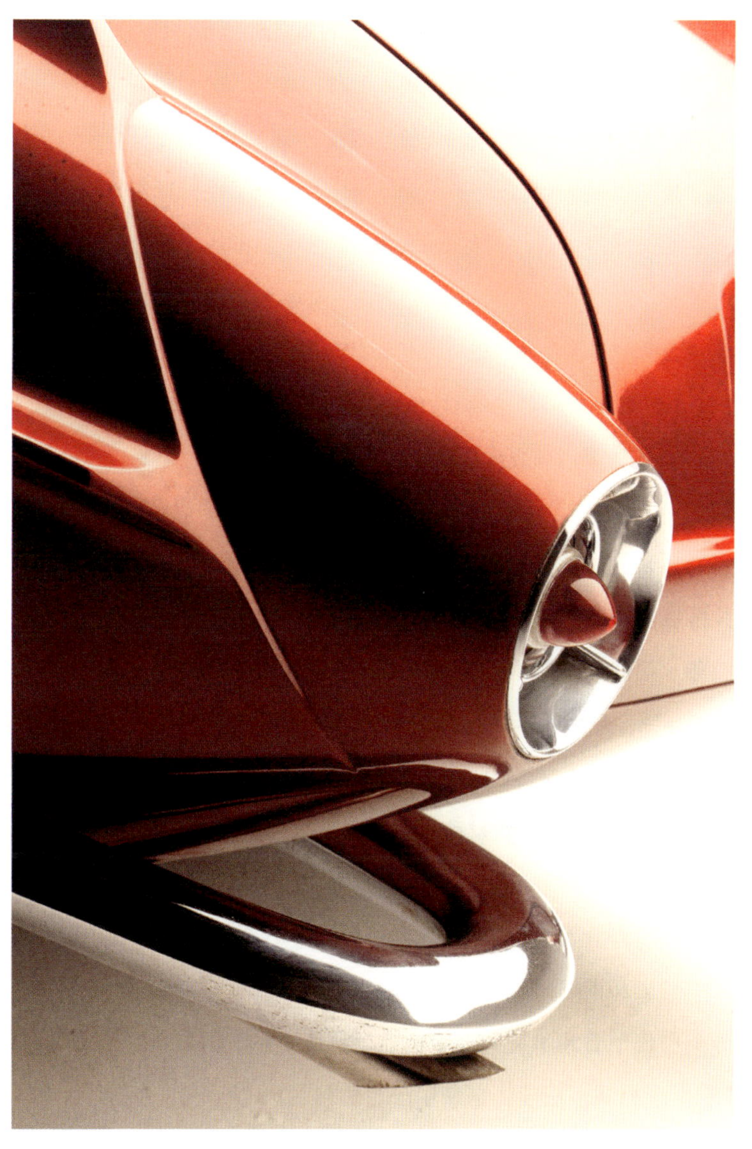

压器，这并非事实。警察总是把我拦下来，并不是因为我开得太快，而是因为他们想近距离观看和了解这部车。”

拉萨罗斯于1961年结婚，同时开始厌倦了由这部座驾引发的关注。令人惊讶的是，他的妻子和孩子从未乘坐过这部车。此后数十年间，他的收藏中又增加了几款经典车型，包括一部被誉为“史上最佳设计车型”的蓝旗亚Aurelia B20 GT和一部玛莎拉蒂Ghibli，这意味着拉萨罗斯花在Supersonic上的时间更少了。

后来，拉萨罗斯在西布林（Sebring）赛道上一个玛莎拉蒂维修站担任赛车机械师。“当时我为Rallye Motors车队服务，他们1959年的参赛车辆是一部300S。那次赛事始终阴雨连绵，最后很不幸，车手艾德·劳伦斯在演练中丧生。”随后拉萨罗斯转向航空业，与前塔克汽车总工程师班·帕森斯共事，并参与了涡轮发动机项目。然而，他对汽车的兴趣从未消散。

到了20世纪80年代，拉萨罗斯在*Road & Track*杂志的分类广告中看到了又一部令他难以抗拒的8V Supersonic：“它位于加利福尼亚，搭载了一台雪佛兰V8发动机，原先

的内饰也不见了。修复它实在是一项大工程，所以后来我以六千美元将其售出。二十五年过去了，现在我正协助对它进行修复。”

## 重返舞台中央

2010年，拉萨罗斯决定在Meadow Brook汽车巡展上展示他的8V Supersonic，当时这部车已经从公众视野中消失五十余年了。“它是被一辆高尔夫手推车拖到展示场地的，因此我决心让它恢复到可以行驶的状态。”这位82岁高龄却

菲亚特Supersonic
与车展女王相守五十五载

依然精力充沛的工程师说。“巡展之后，我开始重新组装刹车系统，并替换所有的软管。它的机械式燃油泵总会出问题，所以我装了一个电动燃油泵，不过保留了原有的倍耐力Cinturato轮胎，因为它们看起来还像新的一样。其他很多8V Supersonic都损耗严重，它们的主人希望将我这部作为参考，对细节进行修复和调整。”令人惊讶的是，这款风姿绰约，由手工打造的豪华旅行车在底特律其实是售出了两部。通用汽车设计团队的灵魂、设计师亨利·劳夫也被萨沃努齐的杰出作品打动，从1953年巴黎车展的吉亚展台上订购了一部。车辆在当年11月运往底特律之后出现了发动机故障，最终由菲亚特提供了一台新的才修好。它最初是白色漆面，在20世纪50年代被劳夫重新喷涂为银色，后来于1991年转手。“有一次我们不期而遇，两部Supersonic停在一起的感觉真是奇妙。”拉萨罗斯说道。

Supersonic其他著名的所有者还包括影星拉娜·特纳，她在1954年纽约车展上从进口商Dutch Darrin处订购了一辆。后来Twin Coach汽车公司创始人之一、印地赛车和水上划艇参赛者卢·法乔尔订购了两部Supersonic，由于对它们的性能不满意，他在车上装置了Pepco鼓风机，将动力从105马力提高到160马力。在美国改装是一种潮流，法乔尔也不例外。

他为其中一部8V Supersonic装上了丑陋的双翼飞机保险杠，这部车在1955年圆石滩车展上击败一部法拉利和一部坎宁安（Cunningham），赢得了超过一万美元的奖金。他对第二部车的改装更加令人难堪：后方装了长长的胶合板尾翼，还有Continental备用轮胎和三翼飞机保险杠。为了取悦妻子，他在1957年将车身漆成了黄色，而且同很多8V车型一样，这部车被装上了一台克尔维特发动机。

拥有Supersonic原型车五十五年后，拉萨罗斯最终将它转手。离别之际，他带着妻子和儿子乘坐它兜了风。不出所料，重返舞台中央的8V Supersonic大受欢迎，用一位拍卖行专家的话说："它出现在Meadow Brook汽车巡展真是令人惊喜万分，同时它的状态也体现出原汁原味的吉亚工艺。事实上，我们希望它能被原封不动地保存下来，而不希望任何不必要的修复或改造。"

8V Supersonic的故事，暂时告一段落，它有了新的主人，又一次从公众的视野中消失……至少有一点很幸运，它经历了时光的消磨，近乎完好的幸存至今，而且，拥有了一位新的爱它的主人。谁知道呢，也许未来的某一天，女王会再度归来。

# 名物无双

# 巴永庄园的珍宝

熟悉巴永家族的人这样解释这一现象：这个家族是围绕汽车建立起来的，当藏品一点点减少时，他们的梦想也就跟着破灭了。

546 LV 79

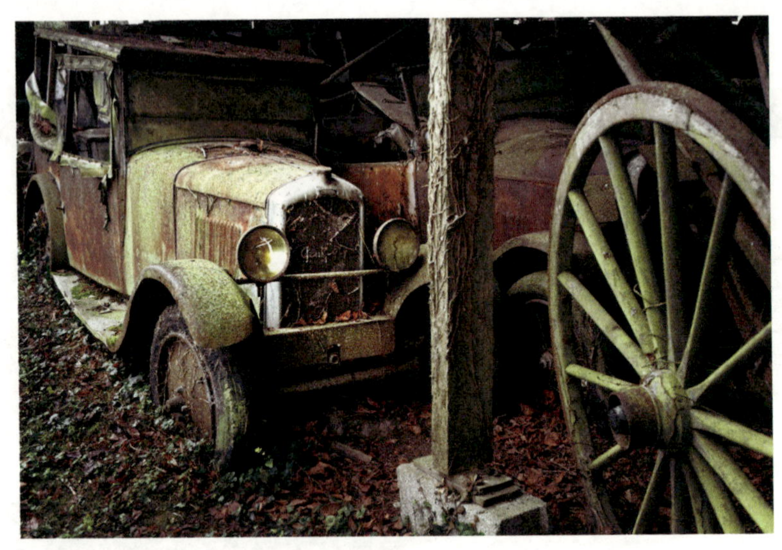

2014年的某天，一座位于法国西部，从来少人问津的农庄一夜走红，成为媒体关注的热点。据最初透露消息的知情人士说：那座荒废已久的庄园里，发现了大笔不为人知的财宝，价值难以估量……还据说，这笔财宝在几十年里从未易主，目前依然掌握在藏宝人的后代手里，只是，继承者对于这些宝藏的存在一无所知。

几个月之后，关于这笔宝藏的真相渐渐浮出水面。这笔珍宝的拥有者——罗杰·巴永（Roger Baillon）与雅克·巴永（Jacques Baillon），几十年里小心翼翼地看护着自己的财宝，直到多年后被后代发现。这笔财富，或者说这批瑰宝，其实是这对父子发烧友历经五十余年时光收罗的古董车，而今它们被大大方方展现给慕名前来的观众，向他们讲述汽车黄金时代的传奇。

## 神秘藏家

在一日千里的信息时代，作为参观者很难形容初见这批收藏的感受：震撼、震惊，如梦似幻般的不真实。在一个十九世纪风格的庄园中，大量汽车散落在数量众多的车棚和仓库中。参观者仿佛是误打误撞，进入了一个超现实主义的世界：他们揉揉眼睛，简直不能相信眼前看到的一切。这些车子最初可能只是临时被停在这里，但最终永久地固定在了此间。五十年来，它们再没有动过位置，大自然的威力逐渐占据了这里的每一寸地方。铜锈腐蚀了车体，有的车子已经看不清楚标牌；轮胎已经瘪了，荆棘和杂草蔓延到了汽车内部；车窗玻璃已经浑浊不清，表盘上覆盖着蜘蛛网。有一些车子保护得比较好，于是在厚厚的灰下可以辨别它们原来的颜色。

尽管如此，所有的车子都是完整的、真实的。按照专家

546 LV 79

的说法，这些藏品的发现，可以解开许多谜团。其实，十余名拍卖专家和收藏者找寻它们已经有很长时间了，但是一直没有成功。而它们一旦被公之于众，痴迷此道的人们不禁颤抖起来，就好像卡尔纳冯伯爵开启封印，进入图坦卡蒙法老的墓葬时一样。

为了更好地了解这笔宝藏的构成与分布，我们需要回到二战前的岁月。罗杰·巴永并不是一个循规蹈矩的孩子。原本，他的人生一早就被规划好了：服完兵役，跟随父亲去农村干活。不过罗杰抓住了命运留给自己的每一次机会。他进入了法国空军，取得了飞机技师资质，同时开办了自己的加油站。随着法国汽车行业的腾飞，罗杰一点点地积累起自己

的财产。

二战之后，回到故乡德赛维（Deux-Sèvres）的罗杰发现了发财新门路，靠着对汽车的热爱，还有自己的一身技术，他大量回收因为战争被废弃在法国公路上的汽车，经过修复之后将之投入运营，并由此成立了属于自己的巴永运输公司。事实证明罗杰不但是个技艺出众的机械师，而且经营有道。战后经济的迅速复苏给了罗杰机会，20世纪60年代，巴永公司的运输生意范围覆盖欧洲数国，罗杰也跻身成功人士行列。他在家乡修建了一座玻璃教堂，彰显自己的成功，同时不改自己对汽车的热情。在自家庭院里，罗杰收集着各式各样的古旧汽车，这也是他这一生最大的爱好。

多少年来，在世界各个角落存在着这样一小群有远见的汽车发烧友，他们把黄金时代的汽车从走向毁灭的命运中拯救出来——否则这些车最终会沦为一堆废铁。罗杰就是这些发烧友之一。在他看来，所有汽车，无论精致与否，无论价格高低，无论品牌大小，都值得好好保存。他最喜欢的汽车是法国20世纪二三十年代的名牌：德拉哈耶（Delahaye）、塔尔伯特-拉戈（Talbot lago）、德拉奇(Delage)、瓦赞（Voisin）、阿米卡尔（Amilcar）、潘哈德（Panhard）……这

些汽车主要是在两次世界大战之间设计制造的。不过奇怪的是，除了一辆Type 57 Ventoux，巴永的藏品里几乎看不到布加迪的踪影。但这不说明罗杰只对本国品牌感兴趣，因为他的藏品里同样包含了劳斯莱斯与玛莎拉蒂。其中一辆玛莎拉蒂的小型跑车还是他本人的日常座驾。1944年，罗杰的儿子雅克出生，从小在汽车堆里长大的他很快继承了父亲的事业。雅克崇尚速度，最爱的是法拉利，并且在勒芒赛中取得过多次佳绩。

这对爱好汽车的父子在当年一度小有名气。研究者找到了1966年6月24日《新共和国日报》的一篇报道，作者在文章中写道，父子二人手中共有将近两百辆汽车。他们甚至一次性从兰布林家族——一个精于制造飞机散热器的家族——手中收购了十余辆德拉哈耶汽车。作者在文章中说，罗杰·巴永“希望有一天可以开一个大的博物馆”。这篇报道是巴永一家留给后世的为数不多的公开资料。

跟许多有钱人家一样，这家人喜欢隐姓埋名，保持神秘低调，比如他们拒绝在自家庄园接待任何人。“我们没有权利邀请我们的朋友来玩，但是我和哥哥一样，在10岁左右就学会驾驶了。”罗杰的孙女后来回忆说。

TALBOT
Cadette

## 风流云散

从20世纪70年代起，阴云开始笼罩在巴永家族上空。他们的成功引来了羡慕，也招致了嫉妒。巴永家族在当地的垄断开始让人们感到不满，他们丧失了越来越多的合同。1978

年2月15日，罗杰·巴永个人受到了司法调查。两个月后，调查波及公司，这最终导致巴永的私人藏品被查封出售。

1979年，一家专业媒体刊出了一则广告，第一批五十八件曾属于巴永家族的藏品被无底价拍卖，其中不乏价值连城的汽车。1985年，巴永宝库的大门再次开启，这次一共卖出了三十八辆汽车。许多人觉得巴永家的汽车藏品应该清空了，但他们错了。

最为珍贵的八十余款藏车始终没有被触动，它们都是汽车历史上特别有意义的款式，包括一些名人座驾，比如一辆为埃及前国王法鲁克一世定制的塔尔伯特-拉戈。在巴永家族最艰难的岁月里，它们依然被小心地收藏在家族庄园里。

“我们非常了解我们的汽车，在这里，拍卖是个禁忌话题。”雅克的孩子们如此说道。熟悉巴永家族的人这样解释这一现象：这个家族是围绕汽车建立起来的，当藏品一点点减少时，他们的梦想也就跟着破灭了。

如果不是一件突如其来的事改变了继承人的想法的话，这些藏品在未来数年里可能还是会原封不动。2014年，在一次库房清洗中，一辆软顶法拉利突然从一堆杂物和旧报刊中被发现。此前继承人还不知道它的存在。这是一个跟炸弹一样的震撼消息：一台不可多得的1961年产法拉利250GT SWB California Spyder重现人间。

这款车在1961年至1963年之间总共只生产了五十多辆，如今在收藏界一车难求。在巴永家族收入它时，它还远没有像如今这样热门。它最初属于法国演员热拉尔·布兰（Gérard Blain），随后又转让给大明星阿兰·德龙。

直到1966年，这位大明星还驾驶着这辆挂着摩纳哥

MC4452牌照的车子四处兜风。1971年，雅克当教师的妻子用了一个月的工资就买来了它。可是在2014年，同样的一款车在美国拍卖价格高达1400万美元。

巨大的诱惑成为压倒骆驼脊梁的最后一根稻草，最终巴永家族的后人决定出售全部藏品，而在此之前，所有等待拍

546 LV 79

德隆驾驶这辆法拉利的老照片

卖的藏车向公众开放。

经过了多少年的隐秘收藏，可能是收藏史上最不可思议的一批汽车藏品，第一次重现天日。人们蜂拥而至，只为有机会可以瞻仰这批原汁原味的汽车历史证物。

## 告别时刻

2015年2月，曾属于巴永家的法拉利最终以1628.8万欧元的价格被新的藏家收走。对于一款古董法拉利，每年飞涨的拍卖价格几乎只是一个数字，而对于巴永家族来说，这意味着一段汽车收藏历史的终结。

巴永家族的藏品中有许多值得一提，比如：

一辆1956年产的玛莎拉蒂AG6 2000 Gran Coupe Sport Berlinetta Fura，拍卖价格仅次于那款备受瞩目的法拉利，达

到196.24万欧元。这款车品牌一共只出品了四辆，而属于巴永家的这辆是原装的，从未改动过。

一辆布加迪Type 57 Ventoux。这种135马力的跑车，在1930年代末就能跑出95英里（约152公里）的时速，是当年的热门车型，而保存至今的，只有巴永家这一辆。

一辆极为罕见的桑福德（Sandford）Type S三轮赛车。这种看似简陋的车型，是二战前赛车场上的风云角色。在2015

年被再次拍出之前，它只经历过两任主人。

这些散落在世界各地的老车，因为一个人的喜爱而被聚拢，如今再次星散，落入另一位喜欢它们的人手中，聚散之间，自是一段收藏佳话。巴永家族的后人说，希望能以拍卖的方式缅怀先人。这种说法显然比不上媒体的通栏标题——“巴永家族藏品最终以5200万美元拍出”——更抢眼和有说服力。但毫无疑问，汽车历史上一笔极大的宝藏，最终获得了最好的结局，这已经足够了。

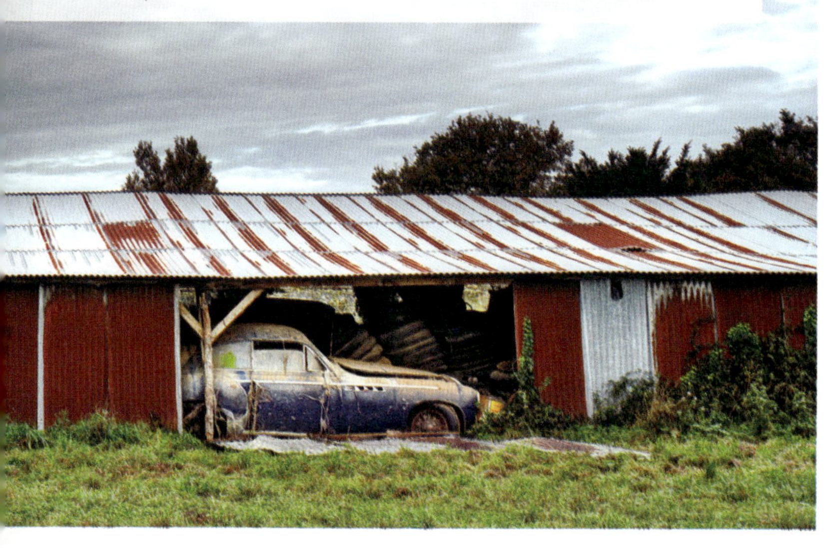

# 璀璨星光的博物馆

莱俪

在灯光的照耀下，这些珍品闪耀着夺目的光彩，仿佛有节奏地跳着一曲动人的芭蕾。

假设世间有这样一种艺术：晶莹、纯粹，于方寸之间挥洒色彩与工艺的极致魅力，你会联想起什么？就我而言，首先想到的只能是一个词——莱俪（Lalique）。幸运的是，世间确实存在一个空间，可以把这个词所蕴含的神奇展示给来访者的，这就是莱俪博物馆。

位于法国下莱茵省的小城，莫代尔河畔的温根，自1921年起就是莱俪工坊的所在地，经过多年积累，这里保存了莱

俪品牌的大量作品，而从2011年7月起，总数高达650件以上的莱俪珍藏被收入这家独一无二的莱俪艺术博物馆，正式向公众开放。珠宝、香水瓶、香粉盒、花瓶、吊灯、玻璃瓶……每一件玲珑剔透的珍藏，都令参观者惊叹不已。

“随着时光流逝，这些艺术品散布于世界的各个角落。直到某一天，沧海遗珠们重新回到了家里。”莱俪董事长兼总经理希尔维奥·丹兹（Silvio Denz）如是说道。这位瑞士商人一向被认为是世界上收藏莱俪作品最多的人。从2008年起，他成为这个传奇品牌的掌门人，并大力促成了新博物馆的成立。

## 杰作们的诞生

博物馆所在的空间曾经是个玻璃加工工坊，经过建筑师让·米歇尔·威尔莫特（Jean Michel Wilmotte）的二度设计与修建，一变成为博物馆。它位于一个城区花园的尽头，正对着一个始建于1715年的菜场，后者与博物馆极富现代感的玻璃、天然石材和钢筋结构形成了鲜明对比。建筑内院四合的回廊，环绕出一个铺着沙砾的干净无比的小花园，园中处

处可觅兰花的芳踪。参观者在此可以感受到矿石与植物之间和谐的交流，以及古典与现代之间完美的融合。在这个精巧建筑中，一切都是静悄悄的，没有喧哗，没有浮躁。这当然再正常不过了：这座博物馆随处可见感受到莱俪的精神，与浮夸的奢华相比，这位艺术巨匠更热衷于对美的探求。

进入大厅伊始，参观者就能感受到整个博物馆的基调了：浓厚的黑色，没有过多的修饰，不存在任何可让人分心走神的花哨设置。进入展厅，你所有的注意力都会集中于展品之上。让我们先从马克·莱俪（Marc Lalique）——勒内·莱俪（René Lalique）的儿子——设计的吊灯开始看起。

这盏吊灯是为1951年在巴黎装饰艺术博物馆召开的“玻璃艺术博览会”而设计的。它采用水晶质地，造型为规则的几何形，高达三米，总重量达到1.7吨。因为体型庞大，七十多年来它不得不一次次地被拆卸，束之高阁无人问津，如今则被安置于博物馆的售票处旁。

博物馆分管经理维罗妮卡·布鲁姆可是费了好大力气把它争取过来，并使它重获新生的。一块抹布，一桶肥皂水，这个年轻女性就是用这些简单的工具，一点一点地将吊灯上的灰尘拂去，随后又用了几个月的时间，把拆散的吊灯重新拼接起来。这可不是件轻而易举的事情，因为吊灯部件有337件之多。“在这些部件中，有60件是原本修复的，另有59件是仿照原本的样子复制的。有时候，为了和原本保持一致，我们甚至重新制作了和原来一样的模子。”这可真是个富有挑战精神的艺术爱好者。

值得庆幸的是，并不是所有的展品都如此的难以修复。展出的这些艺术品中，有一些是在拍卖中竞得的，有一些则是通过租借或捐献的方式得到的，而大部分以前都没有展出过。“巴黎的装饰艺术博物馆，里斯本的古伯金汉博物馆，甚至是日本的箱根莱俪美术馆展出的仅仅是勒内·莱俪的一

些珠宝首饰。但是在这里，我们决定让他的整个设计系列都熠熠生辉，同时展示他高超的工艺和完善的企业管理理念。”维罗妮卡·布鲁姆这样介绍博物馆的展陈。

整个博物馆的面积有900多平方米，布展按照时代与主题两条线进行。观众漫步展品之间，完全沉浸在这份怀旧的气氛中。而特设的“人生交集”主题展，专门展示了那些与艺术家职业生涯息息相关的人物，使观众更加感性地走进这位创作大师的艺术生涯。

## 现代首饰设计的开拓者

1860年，勒内·莱俪生于法国香槟省的阿伊（Aÿ）。从童年时代起，他就痴迷于大自然的色彩，手中的画笔从未停止过捕捉大自然的奇异之美。后来，当他成为首饰设计师时，自然界的花朵成为取之不尽用之不竭的创作源泉。他把它们不规则地别在项链上，或作为女性服装的装饰，这在当时可谓是大胆的创举。与此同时，这位设计师毫不犹豫在宝石上添加象牙、珐琅、玛瑙等多种材质，有些材料甚至是别

的设计师不屑一顾的。按照法国新艺术运动的领军人物，19世纪后期著名的艺术家和设计师埃米尔·加莱的说法，从1885年开始，熟练运用这些独特设计理念的莱俪就已经是“现代首饰设计的开创者”了。那个时代的著名女演员莎拉·伯恩哈特曾专门向莱俪定制了几串精美项链，这些首饰帮助她在事业上取得了非凡成就，又反过来使令莱俪名声大噪。在1900年的世界博览会上，莱俪的作品备受赞誉。从那时起，这位新艺术潮流的引领者始终站立在首饰设计的潮流巅峰，被后来者膜拜、模仿，却始终没有被超越。

除去首饰设计，莱俪还通过香水工业收获了巨大的成功。他为现代香水工业的奠基人，科蒂香水品牌的创始人弗朗索瓦·科蒂设计了多款香水瓶，瓶身装饰雕刻与瓶中的香水一样久负盛名。渐渐地，越来越多的商家开始向他定制产品。凭借着创意与卓越工艺，莱俪将普通的玻璃瓶打造成为无与伦比的艺术品，在这些原本轻如鸿毛的玻璃上，莱俪迸发出无限灵感，成就了一大批稀世珍宝，其雅致与精巧拥有穿越时空的魅力，让无数经过中央展厅的观众叹为观止。

在莱俪的手下，这些小瓶就像是精心雕刻的珠宝，瓶盖则俨然成了至高无上的王冠……他把自己的全部创新精神施展在这方寸小瓶上。“勒内·莱俪不仅仅是一位艺术家，还是一位懂得经营的有天赋的工业家。在整个职业生涯中，他申请并获得了多次专利技术。”维罗妮卡·布鲁姆介绍说。莱俪用这些专利技术构想出独特的餐具和具有加热功能的瓶塞，可供汽车旅行时使用。同样，他还设计了“东方快车”号豪华列车车厢和“诺曼底”号邮轮上的装饰图案，日本东京大酒店的大门装饰，以及一批定制车标，所有这些作品，无论在当时还是后世，都是拍卖会上人们追逐的珍品。

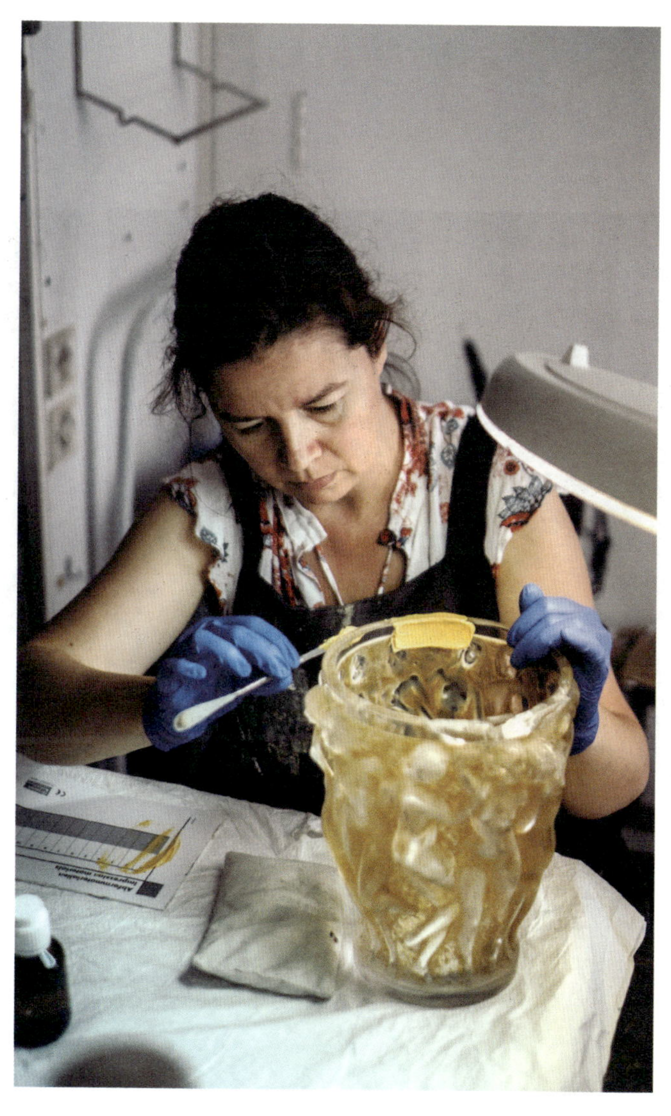

1945年，这位名动全球的创意工艺大师与世长辞，但是他的精湛工艺却没有淡出人们的视野。莱俪博物馆开幕之后，设计师过往的荣光逐一展现在世人面前，一系列高档珠宝一一亮相，这些珠宝均是根据大师生前的设计手稿创作的。

当然，博物馆的所有藏品中，最引人注目的部分还是来自希尔维奥·丹兹本人——他将自己收藏的228件珍贵的艺术品租借给了博物馆。把这些珍品重新移交回博物馆需要的是万分的小心与谨慎，毕竟任意一件莱俪作品都价格不菲，动辄拍出数十万美元的高价。为此，丹兹从纽约请来了享有盛名的业界专家克里斯蒂·梅耶·莱夫科维斯，后者的主要

任务是包装这些易碎的珍品，把它们装箱运送，直至抵达新的安置地。“我把这些宝贝一件一件用纸巾包好，因为这种纸比丝质包装纸更加具有吸收性。”这位沉迷莱俪的专家如是说。

“在艺术品运输的过程中，博物馆采用的是防颠簸的卡车，卡车的温度和湿度都能够得到持续良好的控制，就像保护世界上最重要的艺术作品。经过这千万分的呵护，这些珍贵的小瓶最终得以陈列在博物馆的玻璃橱柜里。在灯光的照耀下，这些珍品闪耀着夺目的光彩，仿佛有节奏地跳着一曲动人的芭蕾。

# 托斯卡纳 雕塑们的原点

老照片让人们成为不灭的记忆，而大理石足以令他们重生。

托斯卡纳
雕塑们的原点

米开朗琪罗的《圣母怜子像》、法国雕刻大师纪尧姆·库斯图（Guillaume Coustou）的《马尔利的马》、法国拉兹岬角上的《海难圣母像》、比萨斜塔、巴黎索邦小教堂里主教黎塞留的坟墓，以及墨西哥艺术宫的外墙，这些遍及全球的雕塑与建筑杰作有什么共同之处呢？很简单，成就这些作品的大理石，无一例外的来自卡拉拉采石场（Carrare）。

两千多年以来，地处托斯卡纳中心地带的卡拉拉采石场一直出产着世界上最优质的大理石。此地的宝藏大理石，最初是由伊特鲁立亚人与罗马人发现的。他们当时开发了十几个采石场，并很快改进了巨石的切割与搬运方法。

卡拉拉大理石的品质吸引了众多艺术大师，比如米开朗琪罗。他经常亲自前往几个采石场。为自己计划中的作品选择白度与纯度都极佳的大理石。

这个传统被延续了下来，后世的艺术家们，比如高寿而多产的法国女雕塑家路易丝·布儒瓦（Louise Bourgeois），以及当代西班牙杰出的建筑师圣地亚哥·卡拉特拉瓦（Santiago Calatrava），都是此间常客，痴迷于这里出品的大理石成品。

## 卡拉拉：从盛极一时到少人问津

从卡拉拉前往采石场的道路狭窄，蜿蜒曲折，而且非常危险。一辆辆巨大如怪物般的卡车总是突然出现在路上，逼迫会车的司机匆忙踩下刹车，然后大声鸣笛。如此一来，这些汽车边上总会扬起一片白色的粉尘，让人不停地干咳。

驾驶那些卡车的司机几乎都一个模样：身形矮小，胡子拉碴，嘴里叼着泛黄的烟头，粗糙且长满老茧的双手紧握着

方向盘，锐利的双眼时刻看着道路。

无论是亚平宁山脉那些惊险的弯道，还是在采石场里装载着60吨大理石块的车辆，都不会让他们怯懦。无论穿过什么村庄，遇到什么车辆，或是碰见什么行人，这些运输大理石的司机们都熟视无睹，因为他们渐渐地成为这座神秘却正在失去光彩的小城里的唯一的明星。

昔日，卡拉拉的雕塑工匠们曾向遍布世界各地的教堂供应大理石作品。那时，他们全年都在处理着来自意大利宫殿、西班牙城堡或是巴黎豪华酒店的订单。这种热络的景

象一直延续到19世纪末，在红色或金色的剧院里，在人满为患的餐厅或酒吧里，在优雅且庄严的中产阶级别墅里，都散布着源自卡拉拉这座城市的石材，宣示着这座城市本身的成功。在那个年代，来自全欧洲的贵族，还有知名女歌唱家，都曾踏足卡拉拉的阿尔贝里卡广场（place Alberica）。在广场的中间，至今仍坐落着摩德纳及马萨公爵夫人玛丽亚·比阿特丽斯代斯特的雕像。

如今，卡拉拉这座位于利古里亚海沿岸的城市里一共生活着六万五千居民。的确，这座城市的规模扩大了，一栋栋石膏或混凝土墙面的房屋遮挡了那些用大理石砌成的五颜六色的古老别墅。商店的橱窗也平淡无奇，任何一家都不出售大理石。剧院的盛况不再，女歌唱家们早已销声匿迹，就连最后一家电影院也在不久以前关上了大门。在市中心和港口之间，有一条长达七公

里的宽阔大道，两边种着一排排意大利石松。港口里停靠着一艘艘货柜船，它们正等着装满运往亚洲的白色大理石。除此之外，似乎也没有别的什么了。

## 唤醒沉睡的记忆

不过，尽管这座城市没落了，但它并没有彻底毁灭。仍旧有几个人在试图将之唤醒并让那传说中无与伦比的专业技艺重见光日。他们依托于自己的工坊或采石场，不惜一切代价在这座城市里销售浴室用的洗手盆或瓷砖。他们每个人都激动不已地讲述着那段已经被人遗忘的历史。

在两千多年的岁月中，这块小小的土地见证了一些追求

美感的伊特鲁立亚或罗马美学家，精益求精的米开朗琪罗，一些寻求不朽的统治者。

近几年来，诸如比利时雕塑家让·法布尔、法国雕塑家安东尼·彭赛、美国艺术家及摄影师凡妮莎·碧考芙、法国画家卡戴尔·阿提亚以及阿塞拜疆雕塑家艾丹·萨拉霍娃等世界一线艺术家都对大理石表现出了极大的兴趣，试图发掘或重新发掘这种材料永恒的现代性。此外，一些知名国际企业也开始投资大理石行业，例如一家建筑集团向卡拉拉地区最大的大理石开采公司注入了资金。

位于阿普安阿尔卑斯山山脚下的卡拉拉，眼下有82个采石场（一百年前这里的采石场超过200家）。这些采石场位于科隆纳塔、范蒂斯克里蒂以及托拉诺三个盆地之间，年均产量约为100万吨。城里一共有6间工坊（三十年前这个数字是120家）。在这些工坊里，工人们有规律地工作着，徒手或用机器进行雕刻，完成来自国内外的各笔订单。在他们中间，尼科利工作坊是目前仅存的一家具有悠久历史的工作坊，并依然享有盛誉。

这间工坊位于市中心一个富有乡土气息的小广场附近，

如此迷人，如此真实。跨过一扇漆成绿色的大门，就会闯进一个大理石粉尘笼罩下的世界。

在那里，十几个经验丰富的雕塑工匠一边抽着烟或听着收音机，一边工作着。所有人都戴着护目镜，有人正在雕刻上半身，有人在雕刻脸部，还有人正在雕刻身体。有人正处在一座栩栩如生的女王雕像严厉的眼神之下，另一个人则在一座高达两米的海神波塞冬出水雕像旁边。一个沉默寡言的工匠正对照着挂在面前的照片，用精湛灵巧的技艺雕刻着一战幸存者的雕塑——老照片让人们成为不灭的记忆，而大理石足以令他们重生。在更远处，一个裹着头巾的女工匠正在聚精会神地将抽象的构思创作出来。每个工匠身后，都有一盏送来光线与温暖的小聚光灯。

弗朗切斯卡·尼科利（Francesca Nicoli）向我们介绍了这间工坊，然后带着我们参观了主要的工作室。这位才华横溢的年轻女子谙熟多门语言。长期以来，她的家族一直是大理石方面的专家与保护者。“尼科利雕塑工坊成立于1835年，在我们家族中已经传承六代了。”她解释道，“我们雇佣的雕塑工匠都有二十年以上的丰富工作经验。他们大多都不是卡拉拉大理石学校的毕业生，而是最初在这里工作过的雕塑

工匠们的后人。他们从年轻的时候便开始在我们这里接受培训。三十年前，我的父亲卡罗手下的工匠们普遍认为自己从事的是濒临灭绝的职业。但现在，我们这一代人希望能够挽救这一行业并使之重焕生机。我们继续雕刻传统雕像，但同时，我们也必须通过完成国际建筑师、设计师以及艺术家们的订单来表明我们重整旗鼓的能力。如此一来，我们将会使大理石这种象征纯洁与高贵的材料再度受到青睐。”

正是本着这种精神，这位年轻女子能够在短时间内实现

了两个壮举。在2008年，她成功地从父亲卡罗手中接过接力棒。她的父亲是大理石方面的天才，在处理公共关系方面更是游刃有余。夏天，他待在地中海的游艇上；冬天，他回到在工坊里接待或联系世界上最知名的艺术家。在2012年，在阿塞拜疆雕塑家艾丹·萨拉霍娃的要求下，完成了娜奥米·坎贝尔的理想化雕像。

这件被尼科利工作坊称为“娜奥米身体的诠释”的雕塑是由一块重达1吨且专门从津巴布韦订购的黑色花岗岩雕刻而成的。在娜奥米雕塑的下面，摆放着另一件也是由黑色花岗岩雕刻而成的雕塑，那是一个双手抱膝而坐的男子，他似乎已被娜奥米的魅力所倾倒。这一套作品共有三份，最终以不菲的价格在市场上售出。

“在雕塑开始创作之前，娜奥米

曾来过卡拉拉并且非常配合我们的工作。”弗朗切斯卡说道，“起初，她有点担忧，因为她还不了解我们工坊。但是当她置身于十几件令人印象深刻且布满白色粉尘的石膏像之间，当她看到工匠们工作的样子，她马上就知道我们是名副其实的雕塑专家，于是放下心来。这件我们一起合作完成的杰出作品在卡拉拉的历史上是首创。”

弗朗切斯卡没有再多说什么，但是我们可以想象她与她的团队得拥有多大的智慧、灵巧以及耐心才能让这位世界名模明白这儿没有换装的试衣间，在为其身体做石膏模型之前也没有保护皮肤的BB霜，只有凡士林。要知道，她的身体保险金额高达几百万美元。在工坊里，米兰与纽约的T台对她来说已成为历史了。

“从20世纪50年代开始，卡拉拉在很大程度上开始没落。原因其实很简单。”弗朗切斯卡解释道，“塑料与钢筋混凝土将大理石赶下了舞台，因为塑料既轻便又便宜，而钢筋混凝土则既方便又结实。第二次世界大战结束以后，塑料与钢筋混凝土成为现代性的代名词，而大理石则象征着过去。”科技的进步使成千上万名在采石场工作的大理石工人失去了工作。

在科隆纳塔村一家名为“Locandapuana”的小餐馆的墙壁上，挂着一张讲述这一事实的老照片。照片摄于1928年7月，展现了一块重300吨、长18米的巨石从卡波耐拉采石场被运至范蒂斯克里蒂盆地（低于海平面800米）的场景。借助于一种叫作“lizzatura”的搬运方法，十几个工人一起用

一个以金属为基础的重达64吨的保护木框来搬运这块完美无瑕的大理石。这块巨石由25根钢绳拉着，然后沿着山的斜坡通过用肥皂水润滑过的木板滑至山谷地带。到达平地后，再由60头牛一起拉往马里纳迪卡拉拉港口，全程共计11公里。整个搬运过程得持续八个月，并且需要使用大约七万升的肥皂水来润滑木板。

## 金属探戈表演

“如今的大理石开采已经完全不是五十年前的样子了。”亚历山德罗·科尔希（Alessandro Corsi）说道。在他那个位于半山腰的采石场里，我们可以看到地中海的美景，甚至还可以看到科西嘉岛，那是他家族的故乡。科尔希也是那群希望并相信可以重振卡拉拉的人中的一员。成千上万个工人一起开采大理石山的岁月早已不复存在，如今，几十个工人足以事半功倍。

“我是采石场的负责人。我们采石场共有24位员工，5台大型卡特彼勒机器以及7辆推土机。1811年，这一采石场由我的祖辈托马索·科尔希首次开采，当时他雇用了几百个工人。在那个年头，开采大理石是一项非常艰苦且有生命危险的工作。一个世纪以前，开采1000吨大理石需要整整两个星期，而如今仅需三天。将大理石块从山上运下来也曾是高风险的工作。那时的妇人们常说绝对不能让自己的丈夫怒气冲冲地前去工作。到了晚上，有些工人可能再也回不了家了，他们被石块压死了。”事故手册都有记载这些悲剧事件。今天，无论是机器还是工人都得到了监管与保护。

科尔希的工人们默默地工作着。在他们的周围，挖掘机正上演着一场金属探戈表演，而起重机则断断续续地跳着摇摆舞。工人们犹如经验十足的斗牛士，一次次敏捷地躲开了负载满满的卡车。他们似乎压根听不到那些黄色巨型机器倒车时发出的那一阵阵让人头昏脑胀的鸣笛声。这种声音回荡在所有的山谷地带，说明采石场正在忙碌着。在我们的右边，工人们正在用带有金属钻头的机器开凿山的表面，然后再改用电锯。我们的左边，工人们

迅速到达金属凹槽处并用水将之灌满，让一块块巨大的白色石头脱落下来。正前方，一个司机正在熟练精准地操纵机器来准备一张石头床，以便让重达100吨的石块能够安全着陆。大理石工人们或站在炎炎烈日下的乳白色泥浆里，或深入到采石场的内部，出于条件反射或本能地工作着。他们只需警惕那些以每小时25米的速度切割大理石块的带有钻刀的圆形电锯。

通往采石场的上山道路只有一条。这一点足以看出采石工作的困难程度。在那一个个发卡弯道转弯时，卡车司机们必须谨慎小心，不容有失。装在卡车上的大理石块重达60

吨，并不是总会用绳索加以紧固，因此随时都有可能掉落下来。在山谷更下面的地方，还有一些采石设备的驾驶员。他们在地下采石场里工作，忍受着空气中的湿气以及设备排放的尾气。一旦下雨，这里的道路就会变得泥泞不堪，无法通行，然后到处都是在探照灯照射下闪闪发光的深蓝色的泥潭。

与此同时，大理石工人们或置身于亚平宁山脉的深处，或紧靠在山腰地带。他们与工坊的雕塑匠人们一样坚守着自己的岗位。粉尘也许会在肺部堆积，大山或许会消失，大理石会运往其他国度……但这些并不重要，因为这些人仍旧感觉自己正在为米开朗琪罗工作。

# 英国皇家汽车俱乐部图书馆的守宝人

特雷弗·多莫尔彬彬有礼而不无自豪地说，“俱乐部的门槛决定了这里不是任何人都能随便进入的。”

英国皇家汽车俱乐部图书馆
的守宝人

互联网时代，快速阅读，对于绝大多数图书管理员而言，这似乎并不是个令人欢欣鼓舞的时代。技术的进步在一步步挤压传统图书馆的生存空间，许多人不得不眼睁睁地看着昔日热闹的图书馆门庭冷落。什么，也有人对此不以为意？是的，这个人就是英国皇家汽车俱乐部的特雷弗·多莫尔（Trevor Dunmore）。

十几年来，他一直在悉心照料存于此处的浩瀚汽车典籍——自从1911年皇家汽车俱乐部雄伟的总部大楼落成以来，这笔收藏始终处于增长状态，如今已经蔚为壮观。多莫尔并不否认传统图书行业在新媒体的冲击下有些日薄西山，但这跟他所看管的典籍毫无关系：这笔汽车财富价值不可估量，而他的任务，是给这批数目惊人的图书、资料及艺术品编目，这一工作，目前刚刚完成了一半。

## 多莫尔其人

多莫尔衣着整洁、轻声慢语，采访中对于他所看护的收藏品，挚爱之情溢于言表。当我们问及俱乐部一共有多少藏书时，他的眉头稍微皱了一下。从俱乐部成立初期开始，图书馆的规模始终处于结构性增长中，因此这位讲究细节的管理员犹疑着不想告诉我们具体藏书量。好吧，可以肯定至少有数千册珍藏，除去单册及系列书籍，还包括成套的*Autocar*、*Motor Owner* 、*Car Illustrated*等杂志，以及众多信件、报道及精美的海报，甚至还有一个世纪前的俱乐部聚会菜单。

“图书馆在1897年俱乐部创建伊始就成立了。”多莫尔说，“1899年图书馆收到了来自J.黑塞先生的第一笔捐赠。这位绅士赠送给我们一套四册丛书，还包括《狗狗拖车游英记》（*Across England in a Dog-Cart*）一书。”

“它们位于游记阅览区，早年借阅这套书的人很多。”多莫尔说。接着他又向我们展示了俱乐部从1899年至1900年以来的票据、通知，以及对黑塞先生的感谢信。还有一份俱乐部年会的致辞名单，包括女王陛下、威尔士亲王及公主，以

A History of the TURBOCHARGED Racing Car
1995 GT ENDURANCE
2002 FIA GT CHAMPIONSHIP
2004 FIA GT CHAMPIONSHIP
The Speed Merchants
Keyser
AERO-ENGINED RACING CARS
BILL BODDY
Circuit des Ardennes
Commemoration
PROTOTYPE 1968-70
THE SHELSLEY WALSH STORY
Simon Taylor
MILLE MIGLIA
Anthony Pritchard
Il mitico Giro di Sicilia
GERMAN RACING CARS
ALAN HENRY
RACE ENGINE
CHEQUERED FLAG
IVAN RENDALL
BUILD TO WIN
The Speediest Land Traveller
RICHARD McDONNELL
BROOKLANDS TO GOODWOOD
C.A.N. MAY
BRITISH RALLY DRIVERS THEIR CARS & AWARDS
DONALD COWBOURNE
SMITH SETTLE
BRITISH TRIAL DRIVERS
1929 - 1939
CAMS MANUAL OF MOTOR SPORT 1969
CAMS MANUAL OF MOTOR SPORT 1970
CAMS MANUAL OF MOTOR SPORT 1973
PRESCOTT SPEED HILL CLIMB 1938 - 1988
PETER HULL
Martin Pfundner
C.A.N. MAY
SPEED HILL-CLIMB
SHELSLEY WALSH
FOULIS
SPRINT
T.R. Nicholson
THE 200 MILE RACE
W. BODDY
GRENVILLE
BROOKLANDS
International Rally Drivers Club 1974 Yearbook
Nick Brittan
SAFARI

及功勋卓著的赛车手等等。

如今的图书馆重新设计于1961年，它是由俱乐部的一个台球厅改造而成。当初选址于此，是看中了这个空间坐南朝北，阳光几乎无法照射到。这一点有利于减少室内温度变化——剧烈的冷热交替，会毁掉这批珍贵的典籍。也正是出于同样目的，如今面向公众开放及展出的，仅是皇家汽车俱乐部的藏品中极小的一部分。

我们跟随多莫尔进入图书阅览室，这是一个狭长的区域，高高的屋顶，开放式壁炉，沿墙摆着一排排深色调的木质书架，轻柔的音乐在空间回荡着，间或能听到外面的喧闹声。《唐顿庄园》的制片人如果亲临此地，定会惊喜万分——这里简直活生生再现了那个时代私人俱乐部的场景。“的确如此，”特雷弗·多莫尔彬彬有礼而不无自豪地说，“俱乐部的门槛决定了这里不是任何人都能随便进入的。”

多莫尔能到此工作，得益于自己不同寻常的经历。他的

ROYAL
AUTOMOBILE
CLUB
THE
AUTOCAR
VETERAN CARS
THE CAR
ILLUSTRATED
A JOURNAL OF TRAVEL
Jaguar
XK 140
explored
CARSCAPES
CARSCAPES
JUBILEE BOOK
ROYAL AUTOMOBILE CLUB
1897—1947
LES
24 HEURES
DU
MANS

父亲启蒙了他对汽车的兴趣，用他的话说，父亲“有几辆不错的车”，比如装配了帕克·沃德（Park Ward）车身的阿尔维斯TD21。多莫尔以前是一位职业棋手，从事过室内设计；从语言学专业毕业后，他在约克大教堂从事图书管理员工作，直到十二年前应聘来到蓓尔美尔街这座大厦中，看管俱乐部的珍贵图书馆。别看经历丰富，多莫尔对于书籍的爱好却是始终如一的。

“对于爱书之人，喜好的主题从典籍转到诸如辛烷之类的化学书，并不算非常大的跳跃，因为这两个领域都需要管理者具备翔实的知识储备、图书分类技能、处理专家咨询问题的能力，以及悉心呵护脆弱的纸质印刷材料的执着和专注。”“书籍蕴藏着无穷乐趣，我的工作也其乐无穷，”多莫尔说。他拿起手边那本罗杰·拉布里克的《勒芒24小时》（*Les 24 Heures Du Mans*，1949年发行，初印1000册）展示给我看。这是他最喜欢的书之一，柔软、厚实的纸张上覆盖着水印，还配有精美的插图，用他自己的话来说，这是一本“可爱的书”。同样让他爱不释手的珍藏品，是那本俱乐部百年庆典（1897—1997年）纪念册。

作为一个书籍鉴赏家，特雷弗·多莫尔不光对书的内容感兴趣，还痴迷于书的装帧、风格和设计。他对有关20世纪早期新艺术运动思潮方面的书，和色彩绚烂的现代书籍，都充满着同样的乐趣。不必我们追问，他的言行完全不自觉地暴露出他对书籍的热爱。

应我们的要求，他向我们介绍了在馆藏书籍中的若干最爱，我们从中不难感受皇家汽车俱乐部的图书藏品之富，品质之高。

## 守宝人的心头好

现将英国皇家汽车俱乐部图书馆的守宝人特雷弗·多莫尔心爱的图书，罗列如下：

*Car Illustrated* 杂志，第一期

1902年5月28日至8月20日

这本早期汽车刊物刊发了作者对法律不公正直截了当的批评。在《议会与汽车》一文中，作者展示了下议院辩论时森严的等级观念。“汤姆金森先生，一位坚定的保守党成员认为地方法官宁可采纳某位警察浅薄无力的证词，也不相信两位无辜绅士的证词是一个严重的问题；主审法官对陪审团提交问题的认定也鲜明地体现了这一偏见。”

刊登该文这一页的背面是一幅整版广告，名叫《狂热的女士》。一位名叫克劳德·瓦蒂尼的女士，正坐在一台20马力的潘哈德汽车上，身穿一件“Paquin's Paris house”牌“用紫貂头”做成的外套。穿着这件“花大价钱也值”的外套，瓦蒂尼女士显得比汤姆金森先生还任性。

*Autocar* 杂志

1914年2月21日至3月28日（第957期）

这是一本盘点当年最佳汽车的皮革装合订本*Autocar*，粗略翻看它的广告，那些关于一个世纪前尖端汽车科技的介绍，跟今天介绍流行的电脑和互联网颇有异曲同工之妙。

封面周围散落着紫色的文字摘要，罗列了Riley可拆卸辐条式车轮、轮胎制造商Rudge，以及Rotax汽车发电机照明设备的种种优点，还有Star公司关于“生产全球最好引擎的汽车”的承诺，以及Car&Central保险公司关于“1914年英国电力政策”的广告。

打开内页，一篇题为《皇家增压油枪将现身沃德汽车街》的文章这样写道：“瞬间给油，如勺子舀满奶酪般”。文中还特别介绍了用“黏结石棉”制作的Ferodo离合器和刹车片。

1912年，凯迪拉克发明了电力启动器，两年后许多汽车公司相继推出了自己的启动器。本刊内页刊有一位时髦俏皮的女郎，头戴羽毛饰帽，脚踩在车厢地板的电力启动器上，“轻盈女郎也能安全舒适驾驶和维护的车”。文案说明本车搭载的是Richmore电启动器：“摁下踏板，即刻出发；女士，轻抬足底，驯服桀骜引擎。”旁边的一幅图解说明，还展示了一套非

EX LIBRIS
The Royal Automobile Club
JAGUAR

ROYAL AUTOMOBILE CLUB
LIBRARY
NOT TO BE TAKEN AWAY
Fuelling the passion
ROYAL AUTOMOBILE CLUB
expensive road car

常完备的电启动器和环形齿轮装备。

我们还能看到出售早期车载电话的广告。只要55先令，身处“闭塞车厢”的你就能买到一部Rotax自动电话，“性能卓越，给置身车内的你带来清晰爽朗的语音通话……它能接收信息，丝毫不打扰驾车的你”。

**《给男孩的老爷车图书》**

**（*The Boys' Book of Veteran Cars*）**

**作者：欧内斯特·F·卡特**

这本关于古董车的硬壳封面书出版于1959年，拥有和*Car Illustrated*一样古旧的感觉。

封面上的字体和几抹黄色像老的电影海报一样充满复古情怀。事实上，这是一本拿起就舍不得放下的书，书中的很多内容都是我闻所未闻的。

书里有这么一幅图片，一群衣着普通、大学生样子的男生（估计现在已经开始领养老金了）正戏剧性地窥视着一辆车头宛如铲鲨状的1908年款雷诺幻影汽车。这本书是给伦敦警务处总部和天文学部男孩子们策划的系列书籍中的一本。与此同时，当时政府给女孩子们提供的是舞蹈和滑冰运动。

“戈特利布·戴姆勒的父亲曾是一位烘焙师，”卡特写道，“他一度受雇于西·约瑟夫·惠特沃斯在考文垂的工作室，后来他回到了自己的祖国德国，在德国一家柴油机公司工作了十年，那里逐渐培养了他对内燃机的兴趣。当时，威廉·迈巴赫在这家公司担任总工程师。”

卡特还介绍了许多长期废弃的汽车，包括Gnome和De Dietrich-Bugatti，以及当时最新的汽车制造商如Armstrong-Siddeley、AC、Austin 和 Morris。所有内容都是针对还没到青春期的青少年，现在估计10岁的孩子就已经开始阅读这些读物了。

《汽车逸事》(*Carscapes*)

作者：凯瑟琳·A·莫里森、约翰·明尼斯

本书2009年版的封皮上，印着明艳美丽的伦敦韦斯特韦桥和它附近奥迪及梅赛德斯品牌的时尚展厅，这条路的远处，曾是著名汽车装饰艺术公司Art Deco Performance Cars的所在。

这本书着重讲述了在英国的汽车发展史，那些容易被忽略的趣事——如位于兰伯里、威尔特郡的Laurel汽车修理厂，它的瓦楞铁皮建筑，及20世纪50年代的汽油泵。

20世纪20年代，几乎每个汽车修理厂都需要一台车床、钻孔、铣削、粉碎设备、电动弓锯、精轧机、锻铁炉、硫化机，以及专门用来供电的5马力发电机。作者带我们探访了位于希钦的威尔士汽车修理厂，那里至今仍保留着很大一部分上述设备。

书中有一个章节专门介绍了现在已经很少见的“路边饮食”咖啡馆，这些咖啡馆大多建在Art Deco风格的混凝土建筑里。文中提到，“在极少的情况下，这些路边饮食店染上了不那么让人愉悦的风气，成为许多粗野之人的聚集地。汽车杂志 *Morris Owner* 的一位投稿人愤愤不平地说：‘所以，人们一般不倾向带女性乘客或者乡村牧师来这里。’”

《探索捷豹XK140》

（*The Jaguar XK140 Explored*）

作者：伯纳德·威亚特

编辑：罗杰·帕尼

这本书是特雷弗·多莫尔的又一心头好，“这是一种真正的赏心悦目”。他认为书里的两千余幅插图令人“叹为观止”。即便是尾灯分解图也充满了美学的对称感。它的显著特征是“独特的圆头定位螺钉（镀铬，x2）”。这些螺钉物如其名，像奶酪一样圆滑。

由布朗·莱恩拍摄的汽车大片同样呈现了一个已经消失的世界。

其中有花街巧克力当年的广告大片（“18种不同美味”），背景是一辆XK140，一张地图摊开在发动机罩上，上面放了一个糖果罐，旁边是一个穿着艳丽的俗气年轻男子，一头精心打理过的柔软的金色头发，头发上黏着巧克力的玻璃纸包装。

MOZART
NERO
PICASSO
TIM RICE
TEMPLER
WELLINGTON

**图书在版编目(CIP)数据**

沉睡的宝藏:水晶、雕像与古董汽车/上海汽车博物馆编著. —上海:上海人民出版社,2024
ISBN 978-7-208-18074-1

Ⅰ. ①沉… Ⅱ. ①上… Ⅲ. ①汽车工业-工业史-世界-通俗读物 Ⅳ. ①F416.471-49

中国国家版本馆 CIP 数据核字(2023)第 051987 号

**责任编辑** 王 蓓
**装帧设计** 陈绿竞

**沉睡的宝藏**
——水晶、雕像与古董汽车
上海汽车博物馆 编著

**出　　版** 上海人民出版社
(201101 上海市闵行区号景路 159 弄 C 座)
**发　　行** 上海人民出版社发行中心
**印　　刷** 上海盛通时代印刷有限公司
**开　　本** 787×1092 1/32
**印　　张** 8.5
**插　　页** 4
**字　　数** 142,000
**版　　次** 2024 年 6 月第 1 版
**印　　次** 2024 年 6 月第 1 次印刷
ISBN 978-7-208-18074-1/G·2136
**定　　价** 98.00 元